翻篇吧

翻篇，是人生重要的能力

[日] 藤井英子 著

李诺 译

北京日报出版社

在京都市左京区，

某栋大楼的某个房间中，有一家医院。

...

在不算宽敞的诊室中，

英子大夫会传达给患者们这句如同护身符一般的话，

那就是"没关系"。

序言

"请好好
保重自己啊"

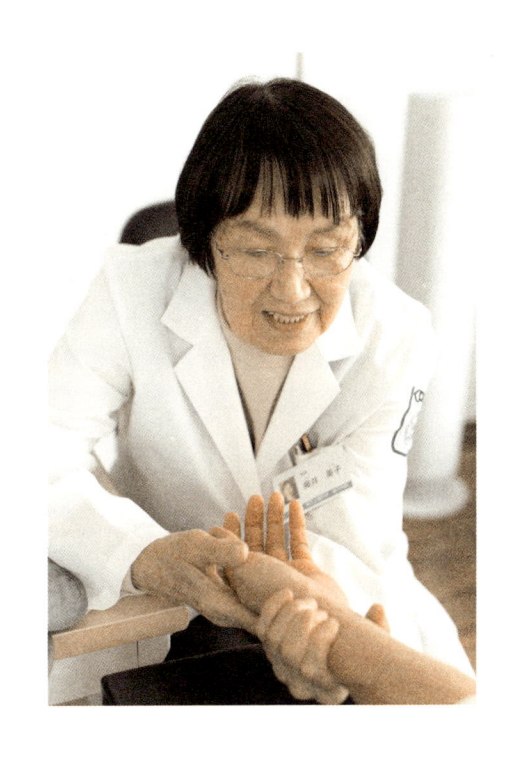

当患者们离去时,

我总是会这样告诉他们。

我并不会使用"保重身体"

这句医护人员们常用的套话,

而是会说"请好好保重自己啊"。

"你是非常重要的存在。你为了治愈自己，到访于此，我会满怀敬意地对待你。我已经尽力医治，希望你也能够好好照顾自己，保养身体，保持活力。"

原本"保重身体"一话中，蕴含着这样的含义。

可是，它变成医院中人们常说的套话，如今我们已经无法从中解读出它所蕴含的意义了，这也是事实。

通过运用与平时不同的话语，我一边祈祷着真正的含义能够传达到患者心中，一边看着患者的眼睛，告诉他们"请好好保重自己啊"。很多患者听后都会露出吃惊的表情。

可能很多人只是把自己放在次要位置之上。

人是具有社会性的生物。我们每个人都在为了某个人而倾注身心地活着。

一个人独自生活的话，会遇到各种各样无法预料的困难。人终究是无法独自生活的。

因此，特别是要从平时开始，珍惜自己。

不要把自己放在次要位置。

那些为了"某人"而每日奔波的人，或许通过适度的放松，尝试"偶尔忘记那个人"，可以更好地珍惜自己、察觉自己的感受。受困于"后悔"的人，也许通过"试着忘记"，就可以开始新的挑战。

在我当妇产科医生的 7 年间，以及当精神科医生的 30 多年间，从患者身上学习到了很多。通过这本书，我想传达给大家的是，不要逃避，而要直面自己。

首先要珍惜自己，倾听自己的声音，关心和照顾自己。为此，我想帮助大家区分"可以忘记的事情"，以及与此相反的"值得珍惜、留在心中的事情"。通过忘记那些不必要的东西，便可以看清楚哪些才是真正需要我们珍惜的。

所以你也可以暂时忘掉某人，"好好保重自己"。

"话虽如此，可是讨厌、后悔之类的感觉、情绪，即使想要忘记也无法做到，对吧？"

这样的想法似乎很常见。实际上，我在医院里确实也曾听到过类似的话。不仅无法放下负面情绪，甚至到次日负面情绪依然存在，而且有些事情即便发生于很久以前，如鲠在喉，一直无法摆脱⋯⋯

我自己几乎不会把讨厌的情绪、对不如愿之事的遗憾和消极情绪带到第二天。

其秘诀十分简单。

那就是自己决定"不把它们留下来"。

人会因为自己的思考方式而改变。我养成了一种习惯，那就是当我遇到不愉快或悲伤的事情时，告诉自己："发生的事情已经发生，无法改变。"

比起纠结于已经发生的事情，更重要的是决定接下来要怎么做。"今天的负面情绪到今天为止""不在意已经发生的事情，而是考虑接下来要怎么办"。虽然我并不是一开始就能做到这些，但随着年岁的增长，不知在何时，我渐渐学会了以这种方式来整理自己的情绪。

即便是那些到目前为止容易"背负烦恼"的人，通过每天进行"练习"，也能将新的习惯逐渐融入自己的生活中。一开始，可以尝试先"只放下十分钟"。

把不愉快的事情、执念、对他人的期望、后悔，以及过去的荣光，适度地忘记可能更为有益。

另外，要集中精力关注自己，保持自己的舒适空间。继续珍惜那些重要的羁绊，培养一颗感恩的心。不要忘记这些事情，每天都将它们牢记于心。我也在努力寻找这种适度的平衡。

也许有时候人们可能是"记得太多"了吧。通过改变一下心情，告诉自己"可以忘记"，我们便可以以清爽愉悦的心情过好每一天。

目 录

Chapter 1
适度地忘掉"人际关系"

01　忘掉"人际和谐"　002
02　忘掉"与大家关系和睦"　004
03　忘掉"某人的意见"　006
04　忘掉"比较"　010
05　忘掉"帮别人做"　012
06　忘掉"不擅长相处的某人"　014
07　忘掉"因为我是父母"　016
08　忘掉"因为是家人"　018
09　忘掉"形式上的问候"　022

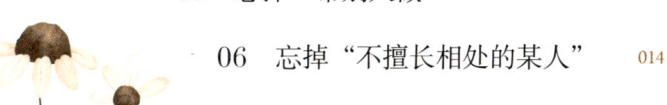

10　忘掉"得不到理解"　024

11　忘掉"不想添麻烦"　026

12　忘掉"只要我忍耐一下"　028

13　不时地忘掉"工作"　030

14　忘掉"此前的做法"　032

15　试着忘掉"完美"　034

Chapter 2

不忘"犒劳自己"

16　适当"忘记"为好　038

17　寻找"真正的原因"　040

18　无论何时都要对"自己"敏感　042

19　激发"靠自己变得更好的能力"　044

20　"行动"激发干劲儿　046

21　创造"相同的节奏"　048

22　不管怎样，先"走路"　050

23　选择舒适的"好鞋"　052

24　构建自己的"健康方法"　054

25　存钱不如存"肌肉"　058

26　好好吃"早饭"　060

27　吃鲱鱼　062

28　借助"食疗养生"的智慧　064

29　聆听身体的"声音"　066

30　保证"生命入口处"的健康　068

31　用"自己的牙齿"享用食物　070

32　"小病无灾"地活着　072

33　睡不着也没关系　074

34　不要责怪自己　076

35　寻找"隐性压力"　078

36　不要适应"轻微的不适"　080

37　时常"勉强"自己休息　082

38　留好"退路"　084

39　好好地让"大脑"休息　086

40　只看"拥有的东西"　088

41　善于利用"医生"和"药"　090

42　了解"历史"孕育的智慧　092

Chapter 3

适度地忘掉"过去"

43　忘掉"经验"　096

44　适度地忘掉"美好的过去"　098

45　行动起来忘掉"失败"　100

46　也要适度忘掉"担心"　102

47　适度忘掉"不幸"　104

48　忘掉"抽到下下签的过去"　106

49　忘掉"都是父母的错"　108

50　忘掉"郁闷的情绪"　112

51　时常忘掉"时间"　114

52　忘掉"懊悔之心"　116

53　忘记对他人的"好胜心"　118

54　忘掉"非黑即白"　122

55　忘掉"竞争"　124

56　忘掉"自我牺牲"　126

Chapter 4
不忘"小挑战"

57　"只做"想做的事情　130

58　让大家叫自己"想被称呼的名字"　132

59　拥有"不同面孔的自己"　134

60　愉快地说"拜托了"　136

61	学习后变得更加喜欢	138
62	为了"体验"而花钱	142
63	自己"调查",自己"决定"	144
64	试着接触"最新的机器"	146
65	给某人"送一份礼物"	148
66	寻找"最根本的关注点"	150
67	完成小"使命"	152
68	肯定"选择的路"	154
69	回想微小的"作用"	156
70	做好随时"欢笑"的准备	158
71	通过"给予"而"被给予"	160

结语　162

Chapter

1

适度地忘掉"人际关系"

01
忘掉"人际和谐"

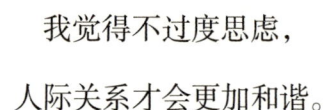

我觉得不过度思虑,

人际关系才会更加和谐。

在构建"人际和谐"之前,

要留出"不去考虑对方"的时间。

人际关系是与自己以外的人的互相交往。做好事情不会按照自己的想法发展的思想准备，内心便会轻松一些。

以前，有一位在学校工作的人来到了我的医院，她非常沮丧地说："学生们说了一些让我很生气的话，让我备受打击。"我对她说："我理解您的心情，但是试着不要过于在意这些事情。"对于性情急躁、容易动怒的"易怒症"人群，倘若正面接收他们的情绪，那我也招架不住。

由于这位患者并没有考虑辞职，所以我告诉她"请试着和对方保持心理距离"，并给她开了有宁神功效和补气功效的汤药。

我所说的"心理距离"是指留出"不去考虑对方"的时间。为了避免被对方占据自己的时间，我们要在心里画出一条线，比如"不在工作单位时，就不去想跟工作有关的事""要想起来的时候，就去做别的事情"，等等。当那位患者再次来到医院的时候，她的表情变得明朗起来，说："我的内心达成了和解，解决了烦恼。"

在人际关系的龃龉中，试着停止努力"必须实现人际和谐"也是一种办法。当然，我们也不一定总能和对方保持距离。在这种时候，"要暂时留出时间忘记对方的存在"。我认为，自己内心的和解是从把对方"放在"应有的位置上开始的。

02
忘掉"与大家关系和睦"

人不可能被所有人喜欢。

如果被讨厌了,

那就干脆地离开。

人不可能被所有人喜欢。无论你是一个多么好的人，无论你多么用心地让别人喜欢你，都有可能因为偶尔触碰到对方的心灵伤疤，或者做了令对方讨厌的事，而让别人对你敬而远之。

当然也有可能是对方刚好内心没有余裕，或者遇到了问题，正处于无法与他人进行良性沟通的时期。

就像无论拿出多么高级的鲷鱼，也会有人因为"讨厌吃鱼"而不吃一样。被讨厌的时候，无论怎样做都会被讨厌。不要认为所有的原因都在自己。

我觉得，我自己也并非总是受人喜欢的，而且在长期担任医院院长期间，也在人际关系上遇到了各种困境。

如果觉得"唉，这个人可能讨厌我吧"，那就想"哎呀，那也是没办法的事"，然后干脆地离开那个人。要和自己相处不来的人果断拉开距离。或许是现在年纪大、阅历广，我似乎已经掌握了这些方法。

另外，要有意识地不把那些事情长时间放在心上。做到只有被问到，才会想起来的程度，更能实现双方的和睦相处。

面对讨厌自己的人，不必想方设法地去做些什么，思考如何与喜欢自己的人共度人生，你的生活才会变得更加光明。

03
忘掉"某人的意见"

听取他人的意见很重要，
但更重要的是不要过分在意他人的意见。
因为他人的意见，很多都是不负责任的，
甚至连给出意见的人都会忘却。

谁都有过对于周围人的声音过于在意的时候吧。

诚然，有时我们可以通过他人的意见，找到解决烦恼的突破口，所以真挚地听取他人的意见是很重要的。但是不要被从四面八方传来的"只想让你听我的意见"这一不负责任的建议所左右。

无论是多么亲密的关系，我们与他人之间总是要保持"拳头大小"的距离。自己与对方拉开距离，在重视自己反应的同时，稍微听取一下他人意见，这才是恰到好处的做法。

"啊，这个人是那样想的呀""这样啊。原来还有那样的想法啊。我自己对那件事会怎么想呢"，倘若可以像这样，在自己与对方之间画出界限，那么就不会因为把别人的无心之言当真而感到痛苦了。

以前，曾有一位患者来到医院，表示"我因担心公司里有人说我的坏话而难以入睡"。在听她叙述的过程中，我的眼前浮现出了一位到处说些有的没的的职员形象。我告诉她"您坦坦荡荡的就可以了"，并给她开了汉方药[①]，帮助她治疗精神过敏。

---

① 编者注：日本汉方医学是日本的传统医学之一，是从中医学的基础上发展而来。汉方的治疗方法以草药为主。

流言蜚语的产生，与其说是被责难攻击的对象的问题，不如说仅凭不确切的信息便贬低他人的人更有品格问题。没有必要为了讨好那样的人而浪费自己宝贵的时间。为了保护自己的内心，我们要果断与其拉开距离，尽可能地忘记那个人的存在。

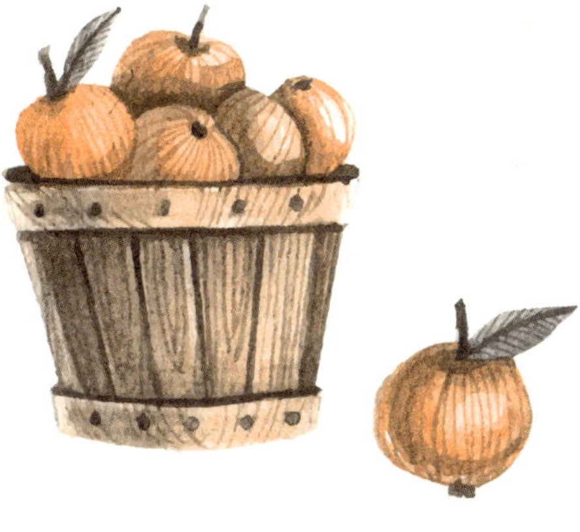

04
忘掉"比较"

没有必要将自己与他人进行比较。
首先要保持自己的状态,
思考"怎样做自己才能心情愉悦,
才能安心"。

很早以前，一位结婚生子后陷入抑郁状态的患者来到了我在的医院。

这位患者说，每次她和孩子一起回丈夫老家时，婆婆都会说些她不爱听的话，因此她见到婆婆时会倍感痛苦。并且她很苦恼："很羡慕别人能和婆婆融洽相处，为什么我却相处不好？"

我告诉她："没有必要和别人比较，也没必要对此过于介怀。如果担心回老家不开心，就拜托丈夫做这件事怎么样？不勉强自己回婆家与婆婆周旋，而是选择做一些让自己心情愉快的事情。"听说那位患者好像立刻进行了实践，让丈夫带孩子回老家了。

于是，婆婆对儿子的到来感到很高兴，她应该很想和儿子说说话吧。据说，婆婆和孙子的关系也开始变得和睦，不久后，婆婆便对她说"你也一起来吧"。而且那位婆婆与儿媳的相处态度也与之前截然不同，变得更加开朗、柔和了。

与其和别人比较，或者一直抱着不切实际的憧憬，不如重新审视自己的生活，思考"怎样做自己才能心情愉悦、才能安心"。我想，前方一定有你想要成为的那个自己。

05

忘掉"帮别人做"

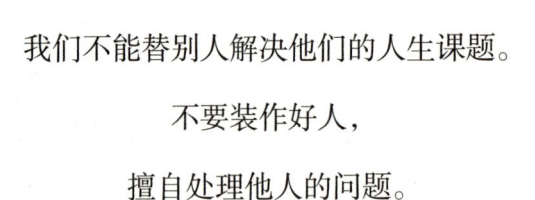

我们不能替别人解决他们的人生课题。
不要装作好人,
擅自处理他人的问题。

有人会问我:"您总是聆听别人的烦恼,自己的内心会感到崩溃吗?"作为一名精神科医生,当我诊察他人身心上的烦恼时,明白了这些烦恼正是因为他们没有放弃自己的人生才产生的宝贵想法。

为了做好诊疗,我每天都怀着这样的念头和对人生的尊敬之情,接待面前的患者。

每个人都有自己的人生。自己就是自己,无法代替别人——这是患者教会我的事情。

听到患者身处痛苦之境这种让人情绪上涌的话语,倘若自以为可以理解患者的心情,或者想要替患者解决那个痛苦,那就太愚蠢狂妄了。我能做的就是一边开出汉方药,一边帮助他们找回直面问题的身心状态。

这并不仅限于诊疗场合。我们不要擅自处理对方的人生课题,要相信对方有解决问题的力量,并且尊重对方努力面对问题的态度。

我想,在自己与他人之间划清界限,尊重对方的人生,这不论在哪段人际关系中都很重要。

06
忘掉"不擅长相处的某人"

从一开始就不要想"要和自己不擅长相处的人好好相处"。如果不能与对方切断联系的话,那就留出不去考虑对方的时间。

因为工作关系，或者对方是亲戚、邻居，有时我们不得不和自己不擅长相处的那类人打交道。虽然想要尽量和自己不擅长相处的人保持距离，但是站在上述关系的立场上，有时候不得不和他们进行日常交流，没办法保持距离。

如果把注意力放在对方与自己不合的部分，或者讨厌的地方，那么我们往往会设法改变对方的这些部分，一旦你试图改变对方时，双方关系就会恶化。

这还会导致一种现象，即对并不会发生改变的对方产生固执之念，觉得对方一举手一投足之间，都会让自己压力倍增。

明明讨厌对方，却无法远离，这对哪一方来说都是不幸的。在这种时候，重要的是在对方和自己之间划清"心理界限"。

然后，下定决心"不被对方的言论牵着鼻子走，不任对方摆布"。这也意味着你决定"不再试图改变对方"。

因为无论怎样做，我们都无法改变别人。所以与其努力地去改变对方，不如努力有意识地去"忘记"对方和对方说过的话。

活动活动身体，读读书，或者看看电影，将自己沉浸在另外的世界中。或许最初时间比较短暂，但是在这短暂的时间里，大脑的注意力会离开自己不擅长相处的那个人。这可以让自己稍微忘掉一点。

我们要反复进行这种"遗忘练习"。在不断练习的过程中，你会发现其他有趣的事情，找到其他想建立联系的人。

07
忘掉"因为我是父母"

不要想着把这个、那个都"必须教给"孩子。

在对孩子说"请做这个"之前,

要先回过头来审视自己。

我养育了7个孩子，但我从来没对孩子们说过"要好好学习""要继承父母的工作"之类的话。

当然，我的孩子并没有优秀到没必要对他们讲这些话的程度。我丈夫的教育方法是，当孩子干了坏事而被叫去学校的时候，他认为"这也是自己教育的结果"，从不过多责骂孩子。只要不是危及生命或者触犯法律等严重事态，我丈夫也会认为"这是孩子的人生"，仅在某处以俯瞰的姿态守护着孩子们。

我不知道这样好不好，但可以确定的是，除了本人以外，即便是家人、密友，任何人都没有决定对方如何行动的权力。

用语言清晰地表达出"我希望你这样做"固然重要，但是接下来的事情就属于对方的领域了。有的事情对方会做，有的事情对方则不会做。即便想怒骂、责难、控制对方，但那只会让人际关系恶化，最终大多徒劳无益。

提出建议也绝不意味着通过对方来实现自己的愿望。

"你有你的做法，你的想法。在这个基础上，我或许可以帮一些忙。"我希望父母和孩子都能站在平等的立场上，面对面地进行交谈。

08
忘掉"因为是家人"

越是最亲近的人,越要"常常恰当得体地相处"。如果意识到"亲密也要有分寸",那么你的心情就会变得舒畅起来。

我在精神内科出诊时，也听到过很多有关家人的烦恼。其中既有儿媳与婆婆同住的烦恼，也有婆婆对儿媳妇的不满。

在"8050问题"①之中，既有80多岁的父母对闭门不出的孩子的未来感到悲观，也有人咨询如何照顾患有阿尔茨海默病的父母。

家庭的烦恼是多种多样的，有多少个家庭，就会有多少种烦恼。尽管家人可贵，但由于是一家人，所以很难保持距离，也很难保持适当的心理距离。

不过，通过践行"亲密也要有分寸"的做法，也有不少家庭的关系得到了改善。这并不意味着要像对待外人般客气，而是要像与外人相处时那样"时常恰当得体地相处"。

你可以说"可以占用你一些时间吗"来让家人给你点时间，好让你不加掩饰地向他们表露真情；或者对他们为你做的事情正面表达感谢，说句"谢谢"；当觉得抱歉时，说句"对不起"。

---

① "8050问题"是日本一个社会问题，指的是80多岁的父母为了供养50多岁孩子的生活，在经济、精神等方面承担巨大压力。

我现在和二女儿住在一起,她每天为我准备早饭和午饭的便当。所以每次从医院回到家后,我都不忘先对她道谢:"谢谢你今早也为我做了这些。谢谢你的便当。"

我认为,对于亲近的人,我们要时常试着"恰当得体地相处",要珍惜那饱含着真情的"谢谢"和"对不起"。

09
忘掉"形式上的问候"

人与人之间的关系,通过语言编织而成。
有时仅仅是加上一句话,
就能让平凡的人际交往变得温情暖心。

在本书开头，我提到患者从医院回去的时候，我会说"请好好保重自己啊"而非"保重身体"。

除了"保重身体"外，日语中还有以"早上好""晚安""你好""谢谢""我开动了""多谢款待"等为代表的，难以传达本意的寒暄语。

有一种说法称，"早上好"在歌舞伎行业中的意思是"您到得真早呀"。据说在演艺圈中，即便在深夜也会说"早上好"来打招呼，可以说它并不仅仅是一句寒暄，更是对他人的一句慰劳。

"晚上好"（日语中亦表示"今晚"之意）和"你好"（日语中亦表示"今日"之意）的后面会添加"今晚月色真美呀""今天真冷呀"等引起共鸣和表达关怀对方的话语。

也可以在"谢谢"后面增添语言，把它变成"谢谢你专程前来"，这样它就从一句简单的问候，变成了向对方传达心意的话语。在"谢谢"的后面增添上你是为何而表示感谢的，就可以将之变为体贴对方的语言。

仅仅是这样小小的举动，就可以使你与家人、朋友和邻居们的交往变得温情起来。

而且，把单纯的一句"谢谢"改为"谢谢你为我做了什么"，把"多谢款待"改为"谢谢你花时间为我做了美味的饭菜，谢谢你的款待"，这也可以帮助我们意识到，原来自己是被他人倾注了精力、用心对待的。

10
忘掉"得不到理解"

当你拥有用语言

清晰明确地表达出自己愿望的能力时,

你的人生会过得更轻松。

不对自己的内心撒谎，诚实地向对方明确传达自己的想法，是保持心理健康的必经之路。

人生漫长，有一两件事隐藏于心倒也无妨。可如果总是顾虑过多，不说出自己讨厌的事，也不说自己想说的话，那么这些便会以身体不适的形式表露出来，所以还是把真心话讲出来为好。

据说日本京都有不说真心话的文化，那是因为在那个文化圈里的人彼此都互相了解。就算被要求"万事深思熟虑"，那也是不可能做到的。如果自己不明确地说出真心话，那么想法是很难传达给对方的。即便是亲密的人，也不可能完全揣测出你的心思，按照你的心意行事。

明明是自己没有好好地表达心意，却觉得"那个人不理解我"，这简直是在浪费人生的宝贵时间。

与其一直抱怨对方"不理解自己"，不如努力向对方表达自己的真实想法。不要责怪对方，而要试着告诉对方"我希望你这样做"。

至于对方是否会接受，是否会如同自己希望的那般去做，那就是对方的问题了。但是把自己的想法明确地传达给对方，是自己可以为自己做的重要的心灵护理。

11
忘掉"不想添麻烦"

在人际关系中，忍耐是毫无裨益的。

所谓"积极的忍耐"是指

在不得不拼尽全力努力时的忍耐。

要注意不要做无谓的忍耐。

来到我们诊室的女性，有时会如同洪水决堤般一股脑儿地吐露出自己的痛苦。她们倾诉的烦恼各种各样，包括在公司的人际关系、职场骚扰、与丈夫的不和、与孩子的沟通问题等。心理学家阿尔弗雷德·阿德勒曾说过："人类的一切烦恼都是人际关系的烦恼。"人际关系上的龃龉会让人心力交瘁。

只有自己在为了追求关系和睦而做出忍让的情况，尤其会带来身心的不适。日本一家知名汉方药制造公司的调查结果显示："在20岁至50岁的女性中，有八成女性尽管感到身心不适，却在生活中'暗自忍耐着'。"

其中有几条忍耐的理由引起了我的注意，包括"忍得住""不想让周围的人担心""感觉即使和周围人商量也得不到他们的理解""在意周围人的眼光"等，可见忍耐招致了更多的忍耐。

在诊室，我经常会问患者一个问题，那就是："那份忍耐，真的是必须做的吗？"

当然在关键时刻，无论是痛苦还是难过，我们都必须将之克服。但那不是"忍耐"而是"努力"，它会让我们涌现出不可思议的力量。但"忍耐"几乎都是"自作多情"罢了。

何不试着向自己确认一下，究竟是否要继续做那些无谓的忍耐呢？

12
忘掉"只要我忍耐一下"

"只要我忍着就可以了",
这不过是悲剧女主角的妄想罢了。
停止单方面的忍耐,既是为了自己,
也是为了周围的人。

如果在你现在身处的环境中，你觉得"只要我忍耐一下，就能解决问题"，那么请试着问自己这样几个问题："自己忍耐一下，真的会让事情顺利进展吗？""如果停止忍耐的话，会有人因此感到为难吗？"

实际上，让我们忍耐的对方（当然，这是我们自认为的）在很多情况下，并不会感受到我们单方面的忍耐。

以前，一位患有经前焦虑征（PMDD）的患者表示："我痛苦得不得了，可是老公、孩子、周围的人都不理解我。我只能独自忍受。"因此，我请她的丈夫一同前来就诊，并从医生的角度告诉他，他太太的状态并非只是情绪紊乱，而是依靠自身的力量无法控制情绪，需要得到他人的支持。

"原来是这样呀"，丈夫听后稍微安心了一点。

其实，妻子觉得"只要自己忍耐一下，就能解决掉问题"，可是丈夫对此毫不知情，只能担心情绪变得不稳定、消沉的妻子。

然后，通过医学解释，丈夫了解了妻子的病情，知道了该如何支持妻子，因此变得积极起来。

不要独自做不必要的忍耐。向周围的人寻求帮助，不仅自己可以得到帮助，周围的人也可能获得拯救。

13
不时地忘掉"工作"

拥有"不思考工作的时间"

才是工作中必不可少的事情。

至少不要把工作带到床上。

很多因为工作过度劳累而身心俱疲的人,都会在清醒着的时间里一直思考工作。他们无论在吃饭时,还是洗澡时,都放不下工作,因此给身体带来了巨大的压力。虽然这似乎很常见,但是我想大声地说:"除了工作时间,不要考虑工作的事情。"

当然,有些人并非因为喜欢才一直想着工作的事,而是因为该做的工作没有做完,一直拖到了半夜,他们表示"因为要做的事情太多了,所以没办法不思考这些"。但是,这已经是变身工作狂的前奏了,请大家务必意识到这样的自己已经是拖延症的预备役了。

当然,如果你觉得工作很有趣,所以才会不停地思考,那是没问题的。不过即便如此,还是留出不思考工作"关机"的时间比较好。请试着养成给自己按下"关机键"的习惯。

至于我,当我工作结束后,我会立刻脱下白大褂,把它挂在衣架上。这成了我"关机"的信号,使我能够尽快地走出工作状态。也是出于这个原因,在诊察的间隙时间里,我会尽量写完每一位患者的病例。

如果在睡觉之前还在考虑工作的事情,那么我们的交感神经就会一直占据主导地位,身体就会一直处于紧张的状态,在睡梦中也被工作所追赶着,也就无法消除疲劳。请在睡前听一些让人放松的音乐,闻一些让人愉悦的香氛,为自己创造出一点忘掉工作的时间。

14
忘掉"此前的做法"

如果现实没有如同自己预想的那般发展，

那就说明有什么地方出了问题，

所以尝试一下其他的方法吧。

如果你现在的人生，并没有如同你预想的那般发展，可以把这看作一个实验结果，代表"那个方法行不通"。

当你在人际关系或工作上遇到瓶颈时，也许正是尝试新办法的时候。不要一味地依赖自己的经验，听听专家的意见，或许可以柳暗花明。

以前，有一位男性前来看诊。他事先进行了自我诊断，认为"我的症状是男性更年期吧"。但是实际的诊断结果是他患上了焦虑性神经官能症，我推荐他服用一些汉方药。他好像对我没把他的症状断定为更年期综合征多少感到不满，于是拿了处方没预约复诊就回去了。

我正想着他是否已经吃药时，几周后接到了他的电话，他说"药吃完了，还想再开一点"，并来到医院复诊。

他简直像换了个人似的，非常诚恳地听从医嘱，这让我震惊不已。后来，我又给他加了一些降压药，他的情况愈加好转，与初诊时判若两人，表情变得柔和多了。

即便是半信半疑，但是尝试不同的办法，也可能朝着意想不到的好的方向发展。如果自己的方法进展不顺，那么或许尝试别的方法就能成功。也许人生就是这么出乎意外。

15
试着忘掉"完美"

不要追求完美。借助他人的力量，拥有充裕的时间和富有余裕的心灵，才是你应该做的事情。

我觉得，若是一味追求人际关系以及自己生活的"完美"，那么就无法获得幸福。没有人能同时做到，既和周围的所有人关系融洽、生活的方方面面都做得很周到，又把工作和私生活都做到满分。

来到医院的患者中，很多人都认为"自己必须做所有的事情"。有的人是全职工作，却要亲手做每天的饭菜和便当，还有人一边工作，一边努力照顾父母。我有时会问那些坚持"靠自己的力量必须做到满分"的人一句话："稍微放松一下怎么样？"

给自己增加负担未必是美德。有人觉得"不想被别人认为是偷懒的人"，但是不勉强自己做所有的事并不是偷懒。

我在忙于抚育7个孩子时，完全依赖母亲，所做之事与完美相差甚远。有时候我会搞错孩子们的便当，让孩子带上两份白米饭。这些事情在今天讲起来是个笑话，但是作为父母，我有很多做的不周到的地方。可尽管如此，我的孩子们还是都长大成人了。

在照顾老人和养育孩子方面，并不是一定要做得完美无缺才能得到完美的结果。所以，为了每天都在努力的自己，希望大家能够放下肩上的压力。

Chapter

2

不忘"犒劳自己"

16
适当"忘记"为好

不要过度害怕衰老,

适当地对其加以应对吧。

对患上阿尔茨海默病的担心也要适可而止。

随着年龄的增长，越来越多人表示担心自己患上阿尔茨海默病，如果对此真的非常担忧，那么最便捷的方法是请专门的医生进行诊治。我也听过有人因为不再照顾老人和家人，无事可做而导致认知功能急速下降。

我在医院也会聆听大家的不安，帮助患者消除不安情绪，很多情况下，只要对应处理，就能解决问题。

即便没有患上阿尔茨海默病，随着年龄的增长，大脑或多或少都会萎缩，认知功能也会衰退。"遗忘"的事情不断增加是自然现象。即便对此过度在意，也无济于事。这是大家都会走过的路。但也确实可以适当地加以应对。

不过，这与年龄无关，重要的是要从平时就开始采取措施预防衰老。

进行大脑锻炼固然好，但首先要从饮食方面入手，正是饮食构建了我们身体的基础。例如，有研究结果表明，大豆制品有助于降低胆固醇和高血脂，纳豆激酶有助于预防血栓。我们还要多吃绿色蔬菜、橄榄油和鲱鱼，吃饭时细嚼慢咽，平时活动活动手指，适当运动。我在医院里也是这样告诉患者进行养生的。

然后不要活得孤立，要与社会建立联系，适当地忘却往事和烦心事，挑战做一些开心事和新鲜事。如果要是有志同道合的朋友，那就更好了。自己试着一件一件地做一做吧。

17
寻找"真正的原因"

心灵与身体是相连的，
有时候身体问题的根源在于内心。

汉方医学被喻为"察全林而非单木"的医学。不因为树叶脆弱便对其进行治疗，而要俯瞰树木生存的环境和状况，找出根本原因来解决问题，这就是汉方医学。

汉方医学认为"身心如一"，这意味着身体和心灵是紧密相连的。在很多情况下，倘若仅观察出身体上的不适，是无法解决问题的。

有时候，身体上的不适源自心灵；反之，有时心理不适可能是身体营养不足或者机能不全造成的。正因为如此，才要找到最根本的原因，保持身心平衡是恢复健康的关键。

另外，可能有人听说过汉方医学中的"五脏"一词，它指的是心、肝、脾、肺、肾。它们既是西医中所说的内脏器官，也指为了身体循环而工作的身体机能。五脏各司其职，保持平衡，人才能保持身心健康。

各个脏器都与人们的情绪有着紧密联系。如果肝脏功能弱的话，人就会变得烦躁易怒；如果脾脏功能弱的话，人就容易闷闷不乐。五脏功能良好，保持平衡，那么人的身体循环就会通畅，心情自然会平静下来，身体状况也会得到改善。

我不仅会观察来到医院就诊的患者的症状，还会询问他们的生活环境和心理状态，以此来调整他们身体的气、血、水循环。

18

无论何时都要对"自己"敏感

今天的自己与昨天有何不同?
身体状况如何?皮肤是否光泽?
请凝神认真地观察自己。

在诊室里，我首先会从"观察"患者开始诊察。

在汉方精神内科的诊室，医生不采用 X 光或者血液检查，而是通过触摸、观察等，利用五感进行"四大方面"的诊察。这四大方面是"望诊、闻诊、问诊、切诊"，也可以说医生充分调动五感、技术、知识、经验等内容进行诊断。

首先，"望诊"是通过眼睛观察患者的状态，最重要的是观察舌头。舌头可以反映出内脏的状态，通过它能够看出病情与病因。除此之外，还要确认患者的脸色如何，表情是否明朗，皮肤是否有光泽，以及患者的体型与动作。

其次，进行"闻诊"，即诊察患者的"声音"。要确认患者的声音是否有力，以及呼吸的状态、咳嗽和口臭情况。

再次，要进行"问诊"，这与西医相同。要询问患者的生活习惯、睡眠好不好，现在的病情，以及既往病症和体质等。

最后，要进行"切诊"，"切"在汉语中意味着"接触"。医生会触摸患者的身体，以及把脉，除此之外，还会检查腹部等来掌握患者的身体状况。

即便不到看诊的程度，但是其中有一些内容是大家自己可以做到的。比如平时也要多触摸自己的身体，对着镜子检查自己的舌头，确认各个部位的正常，对自己的身体状态敏感起来。身体不适也好，内心的小阴霾也好，我们都能在它们发展成大问题之前，自己悄悄解决好。

19
激发"靠自己变得更好的能力"

每个人都有"靠自己变得更好的能力"。
对自己说"没关系,肯定会好起来的",
便会激发出这种能力。

汉方药也是使自己变好、使自己恢复自愈能力的药。虽然医生根据每个人的体质和状态会开出不同的药，但只要处方没有错误，过一段时间后，患者们的症状都会有好转的迹象。

所以我总会对患者说"没关系，肯定能好转"。虽然有些患者会气愤地觉得"你懂什么"，但我还是会认真地向他们传达"没关系，肯定能好转"。

这并不是单纯的安慰。

每个人原本就拥有"让自己变得更好的能力"，汉方药就是激发这种能力的良药。没有不具备这一能力的人。通过相信自己拥有"治愈的能力"，身体便会不可思议般地作出回应。

有一位10多岁的患者患上了纤维肌痛综合征，全身都出现疼痛。他做了各种各样的治疗，病情都没有好转，便来试试汉方药。此前他因为疼痛难以入睡，后来他笑着说可以入睡了。

汉方药就是激发出那个人体内"想要变好的力量"的良药。或许此前的治疗药物也开始发挥作用。

要相信自己拥有开拓未来的力量，对自己说"没问题，肯定能变得更好"。我们的身体听到这句应援，也会对此进行回应，发挥出生命力。

20
"行动"激发干劲儿

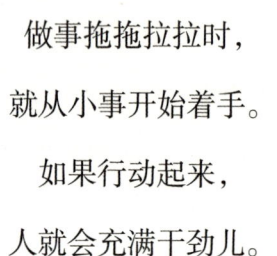

做事拖拖拉拉时,
就从小事开始着手。
如果行动起来,
人就会充满干劲儿。

有些患者表示"自己无论如何都提不起干劲儿"。

为了找回干劲儿，改善日常生活远比激励毫无干劲儿的自己更加重要。

换言之，不要想方设法地改变心理状态，而要重新审视自己的身体状况。

在改善饮食习惯方面，我们应该积极摄取氨基酸和维生素B，前者有助于生成神经递质和多巴胺，后者有助于消除大脑疲劳。另外提高睡眠质量很重要，多晒太阳，还能提高神经递质、血清素的活性，血清素可以让大脑安定或者活跃。

运动也可以增加大脑的血流量。当你有一些必须要做的事情时，可以先做一些准备运动。

以前，我曾对一名70多岁的患者说"每天跟着电视做一次广播体操，就能让大脑变得活跃起来"。当他再次来到医院时，表示："我马上尝试了一下，果然早上再也不会浑浑噩噩的了。"他整个人变得阳光开朗，这令我印象深刻。

另外，脑科学的研究表明，人并不是因为充满干劲儿才开始做某件事，而是已经开始着手做事情，慢慢才会充满干劲儿。

不从大事着手，从小事干起，在多番考虑之前先动手去做，这样也会很有效果。

因为干劲儿是会随后而来的。

21
创造"相同的节奏"

在一天的开始与结束时都做固定的
"惯例"之事，正是因为生活中的这些
"一成不变的事情"，
我们才能够意识到微小的变化。

在每天的早晨和夜晚，我都会有意识地保持着"相同的节奏"。每日始于此，每日终于此，通过做这样固定的事情，来调整生活的节奏。

我每日的清晨从6点钟起床拉开窗帘，充分沐浴阳光开始。之后会洗脸、刷牙、换衣服，来到佛龛前念《般若波罗蜜多心经》。

以前我在母亲身旁听她念时，便记住了这个经文。这是我自那时起养成的习惯，做完仅需要5分钟左右。这一系列的流程便是我每日的早课。通过念心经也可以让我感知当日的身体状况。

与我同住的二女儿会做好早饭，在吃早饭时我会先喝纯蔬菜汁、酸奶，然后喝牛奶、吃吐司，最后吃水果。水果每天会换着吃，苹果、猕猴桃、香蕉。通过每天按照大致相同的步骤吃饭，我可以感知到自己的身体机能在逐渐活跃起来。

在吃完中午的便当后，我会在下午看诊的间隙吃些"三点钟"来补充糖分。"三点钟"在日语中也有点心的意思，它正好可以为疲惫的大脑补充糖分。我经常买些甜食，然后和负责接待工作的二儿子一起享受"三点钟"。

夜晚，看完病回到家后，通常是八点钟吃晚饭。鱼等蛋白质是晚餐中必不可少的，薤头和纳豆也是我必吃的食物。

这样写来，我的每天看起来似乎是一成不变的。但是所谓的调整生活节奏就是从"制定惯例"开始的。多亏了这些惯例，我得以健康地活到这个年纪，因此对这些例行事宜十分感激。

22
不管怎样,先"走路"

我通勤的方式总是乘坐公共汽车和步行,按照自己的节奏快步走是很好的运动方式。希望能够继续保持锻炼身体的习惯。

值得高兴的是，我现在每周依然可以工作6天，其中2天在受京都府委托的机构担任医生，剩下的4天在自己的私人医院上班。

虽然我并没有为了保持健康和体力进行特别的训练，但是利用日常生活进行力量训练是我长久保持健康的秘诀。

我会抱着包，带上二女儿做的便当，独自走不到300米的距离，赶到最近的公交车站，然后坐上公交车，在医院附近的车站下车，再走到医院所在的大楼中。

我不会乘坐出租车，也不会让别人来接我。因为倘若图轻松，自己的体力便会下降，所以我每天都会适当地步行。

我知道有很多人会感觉随着年龄的增长，体力逐渐下降。实际上，人的体力在20岁时是最强的，过了30岁就会慢慢地降低，据说年龄每增加10岁，体力便会降低5%~10%。

需要注意的是，即便过着普通的正常生活，我们的肌肉也容易减少。如果你觉得容易跌倒、站立困难、容易疲倦、驼背时更轻松，那么请一定试着在一天中稍微走一走。

有一种让人可以重获青春活力的走路方式，那就是快速走3分钟，再慢走3分钟，如此交替，每天坚持30分钟。请在自己身体允许的范围内坚持走一走，因为坚持走路对于调整生活节奏也十分重要。

23
选择舒适的"好鞋"

你能马上想起平时穿的鞋子吗?

一双适合自己的好鞋,

会让人变得活力满满。

一双好鞋好像具有魔力似的，能够让穿上它的人变得心情开朗，行动力十足。据说在商务人士中，很多人认为鞋子可以凸显穿着者的气质。在上了年纪后，选择何种鞋子变得更加重要。穿一双好穿、行走舒适的鞋子，就好似拥有了一张不会跌倒的护身符。

我平时穿的鞋子是来自德国的品牌。同样的鞋子我买了很多次，一直都穿这个牌子的鞋子。

出门在外，我们肯定会受到鞋子的"关照"，所以选择一双合脚的鞋子尤为重要。特别是上了年纪，由于长期不当的走姿和穿着不合适的鞋子，很多时候我们会出现扁平足和拇指外翻等足部畸形问题。

另外，患有糖尿病的人，即便是被鞋子磨破了很小的伤口，也很难愈合；做人工透析的人，脚很容易浮肿。可见疾病也会导致脚部出现很多问题。

无论是以前对鞋子毫不在意的人，还是想提高自己健康指数的人，请认真地选择鞋子吧。如果为了走路方便，而选择尺码稍大的鞋子或者鞋跟部分柔软的鞋子，那么这些都会对行走产生负面影响。

要想在人生中健康畅行，鞋子简直如同安全带一般重要。我们要选择鞋跟稳、鞋底有一定硬度的鞋子。同时为了防止摔倒，要选择脚尖稍微翘起，采用不易打滑材质做成的鞋子。

24
构建自己的"健康方法"

按摩手指是我每天必做的日课。
从毛细血管丰富的指尖开始,
调节自律神经,改善血液循环。

在日常生活中，持续践行适合自己的保持健康的方法是很重要的。

以我为例，我每天都在去上班的路上快步走，并且会使用增强力量的器械，除此之外，我还会寻求简便易操作的健康方法，阅读各种文献，在网络上进行广泛检索。

其中，我自己每天都在实践的，并且有信心向患者们推荐的是"手指按摩法"。这是我从免疫学者安保彻老师的书中学来的方法，它步骤简单，但却可以调节自律神经，所以我每天都会在等公交时做上一两次。

做法非常简单，只需要从左右两侧按压手指指甲的根部，力度以"略感疼痛，但很舒服"为宜，每根手指要按压十秒。

在手指指尖的位置上,有个穴位叫井穴,汉方医学认为它是调节自律神经的穴位。而按压不同手指的指尖,会有不同的效果。

按压大拇指对过敏性皮炎和哮喘有一定的疗效,按压食指则是对胃溃疡等消化系统疾病有效,按压中指对耳鸣等涉及耳朵功能的疾病有效,按压无名指则可以刺激交感神经,按压小拇指有利于缓解抑郁症、过敏症、失眠、高血压、肩周炎、头疼、尿频等疾病。

由于指尖分布着丰富的毛细血管，所以通过按摩手指，能够促进血液流通。

这是我自己发现"做了之后便会感到舒适"的健康方法，重点是，这是非常适合我自己的方法。我们需要自己去寻找、尝试，若感到有效就要持之以恒地做下去。这会让我们自己的内心变得积极向上。实际上，这也会促进气血流通，使得效果加倍。

25 存钱不如存"肌肉"

"攒金不如攒力",这句话所言不虚。
肌肉力量对于保持大脑健康也十分重要。

随着年龄的增长，肌肉量减少，身体机能下降的现象被称作"肌肉减少症"。肌肉力量的下降也是寿命变短的原因之一。

由于肌肉力量衰减，行走、站立等基本动作都变得困难的话，人就会懒得出门，这会导致肌肉力量进一步减少。不活动的话，流向大脑的血流量也会减少；不与人接触的话，说话就会较少；说话减少的话，认知功能就会降低。可以说肌肉力量是保持健康长寿不可或缺的要素。

很多人在超过70岁时，便会出现肌肉量减少症状。有研究结果显示，在65岁以上的老年人中，约有15%的老人患有肌肉减少症。

但是，尽管年龄增加，依旧可以锻炼肌肉。

通勤以外的时间，如果时间充裕的话，我还会比往常多走一走。而且在医院开始工作前，我还会使用二儿子送给我的健身器材。我会把脚踩在上面，做十分钟左右的运动，非常轻松便捷。所以我觉得如果利用好科技产品，真是既方便又高效。不要对新事物见而生厌，我们要对其充分加以利用。

我不建议大家在上了年纪后，做一些剧烈运动，但是可以做一些轻松的伸展运动，也有一些坐着就可以完成的锻炼大腿和腹部肌肉的运动。在饮食上，大家也要保证摄入充分的蛋白质。

26
好好吃"早饭"

"你吃早饭了吗?"

大家要重视一日三餐,

特别是要注意摄入蛋白质。

对于来到医院的患者，我首先会问他们："您吃早饭了吗？"接着还会问："您早饭吃了什么东西，是怎样吃的？"据我了解，很多患者都是不吃早饭的。

之所以询问患者饮食情况，是因为精神不佳与饮食有很大的关系。精神低落，通常与缺乏蛋白质和铁质、营养不足有关。我曾上过大学的女子营养函授课程，基于这一经验，我会从营养学和汉方药的角度给大家一些营养方面的建议。

焦虑症和调节障碍等精神压力性症状，有可能是由于身体缺乏营养或者脏器疾病导致的。与此相对的，一些"躯体形式障碍"，如疼痛、恶心、麻痹等身体症状和部分抑郁症状等，比起身体状态，更可能是心理状态出了问题。

一般来说，很多日本人都缺乏蛋白质，只要多摄取一些蛋白质，他们身体不适的症状就会有所好转。

另外，通常被认为对身体有益的东西，也并不会适合所有人。"肠活"[①]这个词在日本很流行，虽然调整肠道内环境十分重要，但这并不意味着所有人的肠道都可以通过吃酸奶来变得健康。倘若患有肠易激综合征等病症，摄取发酵食品会使身体状况恶化。重要的是，大家要知道什么适合自己的身体，什么不适合自己的身体。

---

① 译者注：指通过改善饮食和运动来改善肠道。

27
吃鲱鱼

我养成了吃鲱鱼的习惯。

一般认为，吃鱼越多的国家，

抑郁症患者就越少，

人在心理上的不适也会得到缓解。

对于有抑郁症状和悲伤症状的患者，我会告诉他们要摄取鲱鱼中具有的 Omega-3 脂肪酸等物质。

人体自身无法合成 Omega-3 脂肪酸，这是一种必须从食物中摄取获得的人体必需的脂肪酸。由于鱼类中富含这种脂肪酸，所以在过去，爱吃鱼的日本人能够充分摄取这种人体必需脂肪酸。但是由于近年来日本人对鱼类的消费量降低，所以现代人也容易缺乏这种脂肪酸。

近年来的研究表明，Omega-3 脂肪酸具有缓解不安情绪的作用，而且对于患有身体疾病和精神疾病的患者们效果尤为显著。

有一位 60 多岁的女性曾来我的医院就诊，她说："我亲友的丈夫去世了，我觉得好像自己亲身经历了这样的事。"并且不安地表示："要是我丈夫也去世了，那可怎么办啊。"

经过诊察，我发现她元气不足，患有气虚之症，所以我为她开了有补气功效的汉方药。此外，我还告诉她"请摄取一些 Omega-3 脂肪酸和 Omega-6 脂肪酸"，并让她观察情况。不久后，她的忧郁症状大有改善，变得神采奕奕。

研究结果还证明，Omega 脂肪酸还可以有效预防认知功能的下降，所以为了守护我们大脑和心灵的健康，我们要积极摄取这类脂肪酸。

28
借助
"食疗养生"的智慧

食物也可成"良药"。

让我们一起借助"食疗养生"的智慧。

汉方医学认为，人们身心的不适是"自我治愈能力的衰退"。

通过调理让身体拥有自我治愈能力的过程叫作"养生"。养生包括：让身体休息，做做运动的"体疗"；让心灵放松，使心情平静的"心疗"；还有调整饮食以恢复身心机能的"食疗"。

均衡的饮食十分重要，日本人自古就有"食疗养生"的传统。我希望大家能够记住"豆麻裙菜鱼菇薯"这句话。

"豆"指的是豆类，豆类中的大豆富含异黄酮。

"麻"代表芝麻，其中富含的芝麻素是一种重要物质。

"裙"指的是裙带菜等海藻类，它们富含钙和膳食纤维。

"菜"代表蔬菜，其中尤为重要的是有色蔬菜。

"鱼"指的是鱼类，其中鲱鱼中富含 Omega-3 脂肪酸。

"菇"指的是香菇等蘑菇类，它们富含矿物质、维生素和膳食纤维。

"薯"指的是薯类。

即便不能每日都补充这些食物，但是只要我们树立意识，那么饮食生活就会发生变化。

对我而言，我会在注意平衡摄取这些食物的同时，每天吃些薤头。因为薤头具有消除疲劳、促进血液循环、杀菌、降低高血压和消除水肿的功效，所以晚上吃它对身体十分有益。

请大家务必汲取流传至今的饮食智慧。

29
聆听身体的"声音"

当你一直想吃甜食时,

可能是身体缺乏蛋白质导致的。

身体会告诉我们必须摄取的营养成分。

为了身体健康，我不建议大家过度节食。即便是垃圾食品，但只是为了享受一下美食的乐趣，那么少吃一些也没关系。我有时也会在点心柜台买一些样式可爱的点心，还会和孙子一起吃肯德基的炸鸡，那也是我爱吃的小食之一。

但是，当你特别想吃某种特定的东西时，你可能需要考虑一下，你的身体或许缺乏了某种必需的营养元素。

有人曾经问过我："我特别想吃甜食，是不是因为我身体中的糖分不足？"当你非常想吃甜食时，并不是由于身体缺少糖分，事实上，这极有可能是由于缺乏蛋白质导致的。

蛋白质是构建我们身体所必需的营养元素。倘若蛋白质不足，那么人的肌肉就会减少，变得易累、免疫功能等下降，容易生病，并且大脑内无法顺利生产出神经递质，而葡萄糖很容易转化为能量，因此人就会变得想吃甜食。

人的身体会本能地想要摄取必需的营养元素。

虽然汉方药并不是营养元素，可是有的人当被问道"汉方药很苦吧"时，吃药的人却非常震惊，表示"汉方药很好吃"，这并不是因为汉方药突然变甜了，而是因为这副汉方药是身体所必需的。这些都是身体传达给我们的信息。

30
保证"生命入口处"的健康

要仔细咀嚼食物。
嘴巴是生命的入口,
也是健康长寿的关键。

关于饮食的重要性，我已经在前文中讲过了。而正确的吃饭方式，即将食物放入口中后细嚼慢咽是非常重要的。

咀嚼可以促进唾液的分泌，用牙齿将食物磨碎后，消化液便能更好地消化食物。

另外，还可以活动下巴，不仅是咀嚼肌，脸颊、嘴唇、舌头等都要活动起来，因为嘴巴附近遍布着丰富的神经。当你在吞咽时，你的舌肌和舌骨上下肌群等很多肌肉都在运动，这些肌肉都是靠大脑给出的指令驱动的。所以充分咀嚼，可以激发大脑的活力。

随着年龄的增长，很多人担心自己会患上阿尔茨海默病，但是我们可以通过改善包含"咀嚼"在内的生活习惯来激活大脑，降低患上阿尔茨海默病的风险。海马体也被称作"记忆的指挥台"，通过咀嚼可对其进行刺激，这有助于短期记忆的巩固，降低罹患阿尔茨海默病的风险。同时，咀嚼还被证实能够增加血清素的分泌，血清素具有减轻压力、稳定情绪的作用。细嚼慢咽，诚可谓裨益良多。它是保持大脑健康必不可少的训练手段，让我们一起坚持细嚼慢咽的习惯吧。

另外，随着年龄的增长，我们还会变得难以吞咽或者容易被噎住，那么可以说一说绕口令、给脖子和嘴巴周围按摩、唱唱歌等，努力恢复吞咽功能。

31
用"自己的牙齿"享用食物

我希望一生都能够用自己的牙齿享用食物。

在每天刷牙时,我都会格外注意齿缝和牙龈。

品味美食就是生活本身。

我丈夫曾经做过牙科医生，但他在自己和家人的口腔护理方面，却并没有过多地啰唆过什么。我自己也会长时间不更换牙刷，刷毛都磨损的不成样子了；还会开玩笑地对孩子们说："牙齿的排列方式展现了人的性格。"虽然我们也会带孩子们治疗龋齿，却没怎么说过矫正牙齿的事情。

但是，我对患者们却很认真。我总是会告诉患者们，"请一定要使用软毛牙刷，不要用力地刷牙齿表面，而要认真地清洁牙齿与牙齿之间的缝隙。"

如果你想在 100 岁时都保持健康长寿，那么从 30 岁开始进行口腔护理是必不可少的。从 1989 年起，当时的日本厚生省与日本牙科医师会推行了"8020 运动"，即"即便到了 80 岁，也要保有 20 颗以上的牙齿"，这是因为只要人有 20 颗牙齿，咀嚼起来便会比较容易。

日本牙科医师会对 65 岁以上的人进行了调查，结果显示牙齿剩下越多的人，寿命也越长。据说每三个人中便有两个人会在 30 岁左右时，患上牙周病。

有研究结果表明，牙周病还会对阿尔茨海默病的发作、心脏病、糖尿病等带来影响，所以口腔健康必定事关人的健康及寿命。

每天认真刷牙还可以预防感染病。"不要摩擦牙齿的表面，而要认真清洁齿缝。"我至今仍然能够想起丈夫说的这句话。

32
"小病无灾"地活着

在人生的后半程,比起无病无灾,还是小病无灾"更好"。随着年龄的增长,与其追求完美,不如关注已经拥有之物,心怀感恩地度过每一天。

虽然许多神社的护身符中写着"无病无灾",但我觉得随着年龄的增长,小病无灾的状态"更好"。所谓小病无灾,指的是"如果身体有点小毛病,反而会让人注意身体,最终能够长寿"。

当身体出现病痛、心理疲惫无法振作起来,以及随着年龄的增加做不到的事情越来越多时,才会意识到"啊,原来健康这么美好""原来自己做了很多勉强自己的事情"。可是往往随着年龄的增加,出现痼疾,需要吃药时,人会开始关注健康。在这种情况下,因为人们会经常去医院,所以能够及早发现新的病症,最终实现长寿。上述的"小病无灾"正是这个原理。

不要追求无病无灾,而要小病无灾地活着,因为预防、及时发现疾病同样至关重要。就算生病了,我们也不能放弃自己,放弃人生。我们要照顾好身体微恙的自己,如此生活下去。

值得感恩的是,到目前为止我还没有生过什么大病。不过70岁后,我由于膝盖痛,也没办法跪坐了。我在大学时就参加了茶道社团,所以对于现在自己无法出席茶会的情况感到十分遗憾,但是我会比以前更加小心翼翼地照顾自己。

随着年龄的增长,每个人的身体都会有一些不舒服的地方,所以在这种情况下,我们不必再苛求身体完全健健康康。

比起不存在的事物,人在看到已拥有的事物时,才会自然地向自己说声"谢谢",才会学会呵护自己。

33
睡不着也没关系

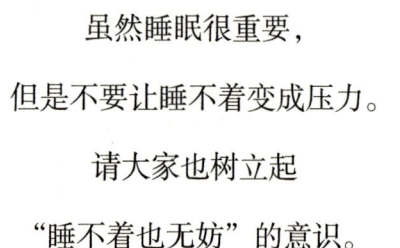

虽然睡眠很重要,

但是不要让睡不着变成压力。

请大家也树立起

"睡不着也无妨"的意识。

我接诊过许多患者,其中有许多人都有失眠的烦恼。虽然无论在哪个年龄段的人里失眠都是常见的症状,但是一般随着年龄的增长,人的睡眠会自然而然地变浅。

当然我也听到一种声音说"上了年纪就没办法了",可是倘若睡眠不好,身心平衡便会崩塌,所以我们还是需要进行养生。

1. 调整生活节奏,并遵守它。

2. 不要临睡前洗澡。

3. 在固定时间内好好吃饭。

4. 如果可以依靠音乐放松的话,重视背景音乐的作用。

5. 如果使用安眠药的话,使用可以短时间内发挥药效的药品。

如果践行以上步骤,那么你的睡眠质量将会发生改变。

我在医院刚开业的时候,有好几天连续失眠,为此我深感不安。除了尝试上述熟睡法之外,我还尝试了手指、脚底按摩等方法,同时还有意识地不对睡眠过分在意。现在,我有时候也会在睡前服用汉方药。这可以让我熟睡到清晨。

我使用的寝具是弹性低的床垫和枕头。大家不要消极地看待睡不着这件事,最好要充满兴趣地去探寻让自己提升睡眠的方法。

34
不要责怪自己

当你控制不住怒火和急躁情绪时,

可能有几个原因。

请试着先考虑一下营养不足、睡眠不足、

运动不足的原因。

有人或许会因为职场压力和家庭成员间的人际龃龉而压抑不住自己的怒火。

来过我医院的患者中有教育一线或医疗相关从业者，以及普通企业的员工等，涉及各行各业。无论身处哪个行业，只要是需要承担责任，或者在家庭里只有自己一个人在努力、只有自己在忍耐，那么在这些情况下，很多人都会烦躁不安、波澜不平。

有些患者会滔滔不绝地说"同事把工作推过来""儿媳妇完全不让我见孙子"等，对此我反而会以冷静的口吻询问他们："您好好吃饭了吗？""能睡得安稳吗？"

我之所以会这样做，是因为很多时候，他们愤怒的原因并不在令他们感到愤怒的对象身上，而是由营养不足、睡眠不足或者运动不足造成的。

而且，有时随着年龄的增长，人会变得易怒，会因为一点小事便出口谩骂。愤怒也是阿尔茨海默病的初期症状，即便不是阿尔茨海默病，随着年龄增加，大脑机能也会衰弱，人对情感的抑制力会随之减弱。

在这种情况下，虽然汉方药也可以很好地发挥疗效，但为了保持脑细胞的健康，重要的是要保证脑血管的健康。

请大量摄取鱼类油脂中富含的DHA（二十二碳六烯酸）和EPA（二十碳五烯酸）等脂肪酸，我也每天都注意摄取这些物质。

35
寻找"隐性压力"

当环境发生改变时，
即便你觉得状态极佳，
身心也可能会感到有压力。
请对身体的变化保持敏感。

当环境发生变化时，即使本人尚未察觉到，但是在不知不觉间，我们的身心都在承担着压力。在我89岁开办私人医院时，即便我是性格积极向上的人，但却像感受到压力似的，短期内患上了胃溃疡。

于是，我立刻去医院做了胃镜检查。虽然医生给我开了药，可是有一段时间，我仍然食欲不振，饱受胃痛之苦。而且焦虑还诱发了脱发加剧问题，这使我亲身感受到，果然人的心理与身体是密切相关的。

即便很多人并不希望处于新环境之中，但最近几年由于疫情，很多人不得不经受环境的变化。

因为处于特殊情况之下，所以很多人都觉得"大家都在忍耐着""这种时候，实在没办法"，然后无视自己的痛苦与不安，努力地活着。然后突然有一天，身体变得动弹不得，或者走不出家门。

实际上，很多患者等到身体情况严重到如此程度，才会来到我的医院。

我首先会询问患者："今天的身体状况怎么样？""今天感觉怎么样？"希望大家平时也能这样问问自己。

要趁身体细微的不适尚未加剧期间，对其加以解决。

然后我还希望大家比任何人都要更加关心自己。

36
不要适应"轻微的不适"

人倘若精神饱满，

便会不由自主地逞强。

不要持续地勉强自己，

也不要适应身体轻微的不适。

在生活中，每天都要认真地对待自己的身体：如果感到疲倦，就要好好休息；如果身体某处疼痛，就要进行护理调整。

人在精神饱满时，一不小心便会逞强，很难意识到自己在努力坚持。当身体情况逐渐恶化时，也会觉得"可能只是稍微有点累"，然后完全适应身体疲倦的状态，不断漠视身体的不适。

曾有一位患者在下午看诊时间快结束时来到医院，问道："今天能不能帮我诊察一下？"并表示由于自己不想去精神内科或者精神科，所以一直在努力地忍耐着，但是现在实在忍受不了了。尽管我介绍了一下汉方药，但是他好像焦躁极了，似乎觉得"你告诉我那么难的事情，我压根儿听不懂"。

由于他当时的血压已经超过了200mmHg，考虑到这也是造成病症的原因之一，我给他开了汉方药。我让他在家中疗养一个月左右，请他务必坚持服药。我想，如果他再晚一点来诊察，恐怕便会摔倒在地了。

在身体处于亚健康的状态下发挥作用，是汉方医学的特征之一。所谓的亚健康是指离生病只有一步之遥，"身体不舒服"的状态。在这种情况下，可以用汉方药补充体内不足的元气，调节紊乱的自律神经，在生病之前使人恢复健康。

希望大家能够对身体的疲劳度和有别于平时的身体状态保持敏感。

37
时常"勉强"
自己休息

不要因为忙碌而迷失心灵。

即使是半强制性的，

也要时常让自己休息一下。

倘若因沉迷于爱好而忙碌不已,这是没问题的;但是有很多人的工作负荷明明超过了自己身体的承受范围,却仍然不停下来休息。

明显对忙碌状态心怀不满,因所做的工作痛苦不已,但却不停下来,这也是一种中毒、成瘾症状。

这样一来,你就会被焦虑感折磨,原本可以处理的事情也变得应对不来,因为工作是接连不断、没有尽头的,最终你会如同陷入无尽的黑暗隧道之中一般。

曾有一位在学校工作的老师来到我的医院,他每周的工作时间超过 80 小时,已出现抑郁症状,于是听从了校医院医生的建议,来到了精神科。

虽然我建议他在家中疗养,但是他表示"没办法休息",所以我告诉他"上两天班,至少要休息一天。可能您很难把工作交给其他人,但也请一点一点地把工作转交给别人去做吧",并且开了诊断报告。

之后,他说:"以前我不放心把工作交给别人,但是不得不放手后,我发现确实有一些工作可以交给别人。"

如果你的大脑被工作填满,觉得"不能交给任何人""全部都是自己的责任",那么你有必要借助一下他人的力量,让自己暂时停止工作,慰劳一下自己。因为只有自己才能给自己踩下刹车,暂停工作。

38
留好"退路"

在心灵和身体超越极限之前，
可以果断地远离那个地方。
给自己留一个"撒手锏"。
我觉得我们可以更加积极地看待"退路"一词。

我觉得提前预留好"退路"特别重要。

在日本人的观念中,有"战胜困难才是伟大的"的观点。但这一切的前提,是在良好的环境中,自己的身心能够健康地运转。

在我的诊室里,有患者表示"如果我从这家公司辞职的话,就无处可去了""倘若我不在,公司就没办法正常运转""不能逃避吧""因为我有责任,所以不能辞职"等。而我则会询问他们:"果真如此吗?"

在我们自己的身心崩溃之前,把自己带到一个可以安心的环境之中,是人生中的一个重要选择项。

倘若对目前所处的残酷环境及自己的痛苦视而不见,那么你虽然没有逃避工作和工作环境,但却是在逃避自己。

"即使这样行不通,还另有他法",提前留好退路,便等于拥有了一个"人生重要的撒手锏",这也是让你得以轻松生活的手段。

不要想着"只能在这个地方工作""不完成这个任务的话,就没有未来可言",而是留出退路,"到了万不得已的时候,可以去别的地方,所以没问题",那么便能放松心态,认真做好眼前的事情。这样一来,你也会收获好结果,得到好结局。

我们可以更加积极、肯定地看待"退路"一词,因为路原本就应该是越多越好。

39
好好地让"大脑"休息

用脑需要张弛有度。

越是忙碌的人,越要好好地休息,

因为休息也是一项重要的工作。

有一位患者，他工作十分忙碌，每日都从早到晚地长时间工作，后来身体出现了不适，来到了我的医院。当我对他感慨道："您工作好忙啊。"他说："总之，每天都到很晚还做不完工作。"

在过度疲惫的患者中，很多人都像这位患者一样，满脑子都是工作，即便回到家后，也会工作到深夜。

虽然在工作中取得成果是很了不起的事情，但是倘若抱着"不一整天都工作的话，是做不完的"这样的念头去工作，那么工作就不会在上班时间内完成。不仅如此，这类人还会渐渐地对"正在工作"的状态产生依赖心理，变得哪怕什么都不做，只有坐在桌子前才会安心，然后工作也会渐渐变得进展不下去。

我们的大脑通过被限制使用时间，才能够得以激活。

在学习时，也会因为有时间限制，才能集中精力。相反地，倘若一直处于忙碌状态之中，大脑便会变得懈怠，无法集中精力。

我给这位患者开了汉方药，并且告诉他"要让自己好好地休息"。如果能够好好地休息，那么我们的大脑便能涌现出干劲儿。

工作是生活的一部分，而非工作中包含着人生。请秉持着这样的意识，越是在忙碌时，越要让自己回归"生活"与"日常"。

40
只看"拥有的东西"

忘却自己做不到的事情,

只看"现在拥有的东西"

和"今天可以做的事情"。

这与生活的一切方面都是相通的。

如今这个时代，随着检查精度的提升，无论身体哪里不适，都会立刻被冠以"病名"。过敏等现代病也不断增加，或许没有任何身体疾病、完全健康的人才更罕见。

以前被视作因年龄增长而导致的身体自然现象，如今也被诊断为"疾病"，这有可能让人们心中感到不安，使得药物服用量增加，给身体造成负担。

生活于这样的时代，倘若只关注自己身体的不适，有些人便会突然觉得自己十分不幸。

但是，如果我们关注今天可以做的事情，关注今日还为我们运转的身体，那么身体不适之处或许可以慢慢缓解。当然，正因为身体不适，才懂得身体健康的可贵，这也是一个事实。

随着年龄的增长，我们的身心会发生变化，能做到的事情及身心所需要的护理也会有所不同。倘若过度自信，觉得"我还年轻，总有办法""我还没什么问题"，而懈怠对身心的养护，那么我们生锈的身体便会发出悲鸣。

我们要关注自己的状态，做做运动，补充营养，晒晒太阳。倘若如此保养，身体仍有不适，那么我们可以借助汉方药加以调理，或者可以根据需要搭配一些西药。

我自己也想这样，充分地过好自己的生活。

41
善于利用"医生"和"药"

不要对更年期综合征放任不管。
不要觉得毫无办法而放弃调理,
请好好地利用医院与汉方药。

以前，都是妇科负责诊断经前综合征（PMS）和经前焦虑征，最近精神科也可以治疗这些病症了。

经前焦虑征是经前综合征的一种，患者会出现严重的焦虑、情绪低落、不安、易怒等精神情绪症状。将这些症状认定为经前焦虑征也是最近几年的事情，而且在2013年，这些也被视作抑郁症状群之一。

女性的更年期一般从45岁持续到55岁，在这段较长的时间里，因为家庭关系和职场人际关系、父母的养老问题、孩子应试等社会因素，而使症状加重的情况不在少数。该病的症状表现出较大的个体差异，而且还存在不易被周围人理解的问题。

有一位来到医院的患者，她每次生理期都有强烈的焦躁感和抑郁情绪。当我告诉她是经前综合征时，她惊讶地说："我从小就被母亲教导女性在生理期就是会有各种各样的情感变化，也一直认为由于月经产生情绪的变化是没办法的事情。我没想到严重的焦虑和抑郁情绪其实是一种疾病，竟然还能通过药物来治疗。"有很多女性都如同这位患者一样，对这些症状不甚了解，当然，也有很多患者通过服药减轻了病症。

除此之外，还有人将自己无法克制的怒火撒到丈夫和孩子身上，情绪低落不安，甚至无法正常生活，被"想从世上消失"这样的念头折磨着。很多时候，对于这些症状，汉方药也能发挥作用。我希望大家能够合理地用药调理，不要对病症置之不理。

42
了解"历史"孕育的智慧

一些病症,
用汉方药便可以治好。

我对电影等事物很快便会感到厌烦而停止观看，但是对汉方医学方面的东西，却完全不知疲倦，可以连续好几个小时都集中精力地学习，这真是不可思议。

我会阅读汉方药相关的论文和书籍，听视频讲座，以前还会频繁地参加学会。因为我切身地感受到，自己所学的东西会在某些地方与患者的症状关联起来。年复一年，我对汉方医学的探索欲越来越浓厚。

那是我以前在医院的精神科工作时的事情了，有个患有感觉统合失调症的病人有时会对明明很无趣的事情笑个不停。他会一个接一个地拍打同病房的病人，然后自己捧腹大笑，最后累得睡着了。这个病人患的就是十分罕见的"喜笑症"。

那时，我作为精神科的医生，已经给他开了西药和汉方药。但是我想起来，过去看过的文献中提到也有"可治喜笑不休者"的疗效，于是试着给他开了这个方子，没想到立竿见影。此前，给他开的各种西药都没能治好这个症状，用了汉方药后终于治好了，大家也都松了一口气。

关于汉方药的效果，虽然有许多尚未被科学完全解明之处，但中国几千年的历史中孕育而来的智慧实在令人震惊。而且关于它的研究仍在继续，因此我也不能停止学习的脚步。

日本的汉方医生，必须每 5 年提交一次临床报告，我希望能够坚持做下去，也希望能够继续在汉方医学方面帮助大家。

Chapter
3

适度地忘掉
"过去"

43
忘掉"经验"

不要把经验当作对付他人的"宝剑"。
让它成为我们豁达观物的"指南针"吧。

有的人越上年纪，就越圆滑；当然，也有人越上年纪，越是顽固。

一方面，越上年纪就越圆滑的人，是那种在人生中积累了丰富的经验，不断战胜困难的人。无论发生什么事情，无论被别人说了什么，他们都不会因为突发事件手忙脚乱，而会冷静豁达地想"人生难免有这种事"。

另一方面，随着年龄的增长产生的顽固，也大多与丰富的过往经验有关。这类人认为"以前我是这样做的""在我那个年代是这样的"，由于他们把自己的经验作为判断一切事物的标准，在旁人看来，会觉得"这人真是个不懂得变通的老顽固"。

在来到医院的老年人中，既有觉得"汉方药对这个病症有效吗？那想快点试试"，然后高兴地尝试汉方药的老人；也有老人只愿意吃自己想吃的药，或者自己觉得适合的药；还有老人半信半疑地吃下药。总之，各种各样的人都有。

有时候遇到一些患者，我会觉得"真是个灵活的人呀"，然后想向对方学习；与之相反，有时候我还会遇到一些反面教材，觉得"这么顽固，实在太可惜了"。

人生的经验可能会成为一份包容对方的豁达，也有可能成为一种为了战胜对方而故意坚持的歪理。大家会在生活中如何选择呢？

44
适度地忘掉
"美好的过去"

无论是美好的事情,还是糟糕的事情,
我觉得最好都要适度地"忘掉"。
比起时常将过去的勋章别在身上,我更憧憬
"今天重要于过去"这种洒脱生活的姿态。

无论是自己的失败，还是别人的失败，倘若一直纠结于过去糟糕的事情，自然是不明智的；同时我认为，对于以前美好的事情，要适度地忘却，这样才能更快乐地走过人生之路。

自己过去了不起的功绩、业绩、经验，确实都是自己花费了时间积攒而成的，都是自己打磨锤炼而成的宝贝。可是，与其总是将它们如同勋章一般别在胸前，不如适度地将之忘却，最好做到被别人提起自己才想到"原来还有这么一档子事儿呀"的程度。

我想让自己的思想意识时刻都关注"现在"，而非过去。

我在医院和诊所作为精神科医生工作了30多年，已经诊察过许许多多患者，可我真实的想法是要把那些作为精神科医生取得的成就放在一边，因为我现在进行着崭新的挑战，即主要依靠汉方药来治疗心理疾病。我每天都在努力地思考、实践如何让眼前的患者病情好转。

我希望无论美好的还是糟糕的，对过往之事，自己都要尽可能干脆地忘却，然后无论何时都挑战新事物，成为一个拥有"现在"的人。

45

行动起来忘掉"失败"

如果觉得自己失败了,就行动起来进行挽回,
因为有时我们也会在行动中忘掉失败。
也要忘记别人的失败。

无论是谁，都经历过失败。遭遇失败的话，要立刻转换心情，想着"今后该怎么做呢"，然后展开行动。

重要的不是规避失败，而是在失败时，你能不能立刻原谅自己。

无法原谅自己的人，会持续不断地责怪自己，于是他们便会一直想着"如果那时候这样做就好了""如果再失败了怎么办"，一味地关注过去与未来，无法集中精力于"当下"，最终会导致心灵疲惫。

最近，我也有过这样的经历。当我看到游戏机的广告时，想到孙子们会玩得很开心，于是便想买来作为礼物送给他们。当我问他们"家里有游戏机吗"时，孙子们只回复我说"没有"。但是当我买来送给他们的时候，他们批评我说："你买的太贵了，我们本来想用更便宜的方式购买的。"

我原本只是一心想让孙子们高兴，于是我也反省了一下自己没有事先了解他们的需求。不过，对糟糕的事情不太放在心上的我，甚至连这件事都忘掉了。现在回想起来，他们并没有把游戏机退掉，或许他们实际上用得特别开心。

自己的失败自不必说，对于别人的失败，我们也要尽量忘却。因为在失败的时候，情绪最低落的是失败者本人，所以我们不必再攻击责难对方。

46
也要适度忘掉"担心"

过去不可改变,未来不可预知。

但是,唯有"现在"可以掌控。

"搁置"对未来的担心,

只集中精力于现在能做的事情上。

我的医院开业已有一年,每天都有许多患者前来就诊。可是在刚开业的几个月里,有很多天患者的数量都是零。

当然,如果我说那时候一点都不担心,那就是撒谎了。当医院没有患者时,我会阅读汉方药相关的书籍,查阅新的病例和论文,参加线上讲座,平和安静地做着这些对患者们有益的事情。

当患者们断断续续地到来时,我真挚地对待他们,最终来就诊的人一点点地增加了。

当人们感到不安,忧心忡忡时,几乎都会把未来的事情想得很糟糕。

可是,未来究竟怎样,我们无法预知。没有人知道未来的事情究竟会怎样。

当你内心感到担心或不安时,将这种情绪"暂时搁置起来"如何?然后,要平心静气地做一些今天必须做的事情以及利于未来的小事。

"当下"积累才能创造未来。

如果你在"当下"无法行动起来,深感烦恼的话,汉方药也可以稍微减轻你内心的不安。只有你才可以想到,能够为现在的自己做些什么,应该怎样行动起来。

47
适度忘掉"不幸"

幸福不是由"比例"决定的。
虽然无法将现在的不幸清零，
但是珍惜当下手中拥有之物，"心怀感激"，
就能变得幸福。

在诊室和很多患者们聊天时，我经常想，幸福究竟是什么？患者们说"如果跳槽的话，就能变得幸福""老公不珍惜我，我太不幸福了""孩子没有稳定工作，觉得很不安"等。有时候我觉得，倘若把自己的不幸归咎于某人，那么自己便会失去幸福。

活了这么久，我终于明白所谓的幸福并不由条件和环境决定，幸福就是自己发现并且切实感受到自己已经拥有的东西。

倘若怀有只要得不到某个东西便是不幸的想法，那么便会一味地关注没有的东西，就不会感到幸福。梦想、理想的工作、想做的事情、可心的伙伴、理想的父母、豪车、豪宅、学历……如果开始列举自己没有的东西，那么便永无止境了。

当然，向着自己现在没有的东西努力拼搏不是坏事，可是在拥有它们之前的时间里，没必要觉得"现在还没有这些"，让自己持续沉浸于不幸的感觉之中。

即便无法将自己认为的不幸清零，你也可以决定让现在的自己变得幸福。

关注自己已经拥有的事物，充分感受当下的幸福，是所有人都可以在瞬间实操的"变幸福的方法"。

48
忘掉"抽到下下签的过去"

我觉得在不理想的环境中,
更能得到一些收获。你为了某人花费的时间,
都会成为一种无可替代的经历。

在我医院的患者中，有人一边育儿，一边全职工作，最终疲惫不堪，不得不辞职；有人为照顾父母，只能辞掉喜欢的工作回老家；还有人因为生病暂时无法工作。患者有各种各样的问题。

我在生第五个孩子时，暂时中止了医生的职业，作为家庭主妇专心养育孩子。但我的内心仍然一直盼望着能够继续做医生。当比较大的孩子们上大学时，我终于在 51 岁重返医生岗位。那是我经过 10 多年的工作空窗期做出的决定。

我以前是妇科医生，但是在重新出发时，我学习了精神医学知识，成了一名精神科医生；后来又成了一名我感兴趣的汉方医生，现在，我正在自己的医院中进行诊疗。

当然，无论是成为家庭主妇，还是重返职场，都是我自己的决定，这让我觉得自己十分幸运。多亏了丈夫、孩子和我母亲的支持，以及时代和周围人的引导，我才得以走过这样的人生道路。现在，我想将自己获得的诸多支持，以及作为医生掌握的经验，回馈给患者们。

当你处于不喜欢的，觉得"抽到了下下签"的环境中时，这种环境应该会给你带来无可替代的经验。

你花在某人身上的时间，即便对方不会直接返还给你，它也会以其他的形式回馈回来。经过了漫长的人生岁月，我如今便是这样认为的。想做些什么的想法，比任何事情都重要。希望大家不要忘记，不论多少岁，你都可以重新出发。

49

忘掉"都是父母的错"

不要一直把自己人生的不顺遂归咎于父母。

成为大人后,就要对自己的人生负责。

我有时会看到"毒亲"[①]之类的词语。"父母扭蛋"一词也在日本流行一时，由于孩子无法选择父母，可能会因为父母变得幸福或者不幸，因此人们便将这种情况比作扭蛋玩具。

虽然与父母的关系确实会在很大程度上左右我们的人生，但是如果人生已过半，仍然宣称"都是父母的错"，人生会因此变好吗？

如果觉得"自己是不幸的""人生是不公平的"而激愤不已，那么你就会越来越强烈地认为自己是这个世界的受害者。

倘若冷静地看一看现实，你就会发现，在这个世界上既有比自己幸运的人，也有比自己不幸的人。即便幼年时期成长于优越的环境之下，也有人对自己的人生感到不满；即便幼年时期成长于苦难之中，也有人把自己的人生过得闪闪发光。

[①] 译者注：即对孩子产生负面影响的父母，包括虐待孩子、过度干涉、束缚、压抑孩子等而妨碍孩子自立的父母。

我认为，这两者之间的区别就是，前者持续对所赋予的环境喋喋不休地抱怨、不行动，而后者会把自己带到能够得到公平对待的环境之中。

成为大人后，就要自己对自己的人生负责了。

如果你总是悲叹自己的境遇，那么你就应该走出那个环境，将自己带到自己想去的地方。

能够让自己行动起来的，只有自己。大家还要知道，不论何时，我们都能开始行动。

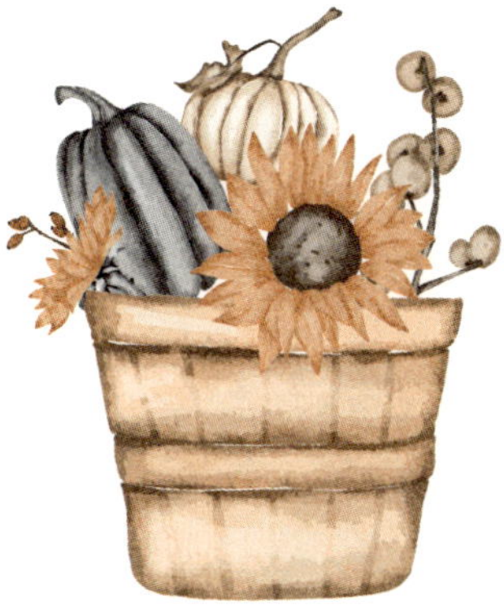

50
忘掉"郁闷的情绪"

不要回想糟糕的回忆,
不要多次体验糟糕的回忆。
希望大家能够找到适合自己的方法,
将自己的目光从烦恼之中移开。

每当想起自己受到伤害和被夺走了容身之所的往事时，人就会再次体验到悲伤和痛苦，从而产生强烈的不安、自我否定的情绪以及忧郁症状。

当然，当遇到重大事故和直面死亡之际产生创伤后应激障碍（PTSD）等情况时，要到医院和心理咨询等地方接受相应的治疗。人的内心，会在人生的各个角落都受到伤害。

当你不断回想起别人说的话，感到痛苦时，当你无法忘记他人对自己不好的行为态度时，那就要把自己的这些思绪说给别人听。你可以讲给心理咨询的专家，也可以告诉自己的朋友。

通过向他人倾诉，你的内心将会变得轻松一些，与此同时，你也可以确认"现在这些事情还在继续发生吗"。

另外，掌握适合自己的办法来转换心情也十分重要，对我来说是给小女儿打电话。有时她会听我倾诉，有时我们会聊些无聊的闲话，但是不可思议的是，在和她交谈的过程中，我的心情会逐渐明朗起来。小女儿还一定会用京都话问我"对了，妈妈，几月几日一起去美容院吧"。我每个月会和小女儿一起去一趟美容院。当女儿这样问我时，我会说"是呀，什么时候去呀"，如此将视点利落地转换至未来。仅仅这样做，我就能够恢复元气，然后从第二天开始，继续如往常一般努力。

从烦恼之中转移视线的方法，可能会存在于某些你意想不到的地方。

51
时常忘掉"时间"

时间是良药。

但治愈悲伤需要花费大量时间也是事实。

"专心致志"可以让我们

稍微忘却一些时间。

有很多人无法走出失去家人的悲痛，持续处于痛苦之中。

有一位患者照顾了丈夫 3 年，丈夫还是去世了，此后她出现了强烈的悲伤反应，做什么都打不起精神。这种失去家人的悲伤不是能够快速消散的，她悲伤已经持续两个月左右了。

不过，完全沉浸在悲伤之中闭门不出、不走动的话，身体就会失去元气，肌肉力量也会衰减，人的内心进一步丧失活力。

我询问那位患者："有能够让您立刻践行的爱好或者让您的双手活动起来的事情吗？"

虽然她说想不起来了，但是她在思考的过程中说道："以前上过插花的培训课，或许我可以重新插插花。"

当她再次来到医院时，她变得有活力一些了，并且说："还想重新上上培训课。""有人说想让我教教她，我觉得自己被需要了。"上次就诊时，她满脸愁容，看到这次的她展露笑颜，我也松了一口气。

当悲伤袭来时，如果有工作可做，或者有一些必须做的事情，那么在集中精力做这些事情的同时，就可以等待内心恢复健康。

虽然"时间确实是良药"，可是所需要的时间很长、很久，这也是事实。我觉得，陪伴我们度过悲伤与寂寞、帮助我们忘却时间的"手工活"可以成为我们很好的伙伴。

52
忘掉"懊悔之心"

试着将当下必须做的事情

积极地看作有意义的馈赠之物。

有位患者告诉我："我一直照顾着丈夫和婆婆，可是他们俩都去世了，我觉得心里一下子破了一个洞，做什么都提不起精神。"我询问这位患者："已故之人看到自己去世后，你什么都不能做的状态，他们会高兴吗？"

当父母和配偶去世时，最容易患上心理疾病的是"无事可做"之人。他们的内心反复纠结，会产生"当时要是做了那个就好了""这件事或许也可以做的"等懊悔的情绪。

这时候，我觉得让手脚"活动起来"比较好。

如果沉浸在思考和回忆之中，那么人就容易完全被吸入内心的破洞里。你可以收拾收拾房间，擦擦好久没擦的地板，当然有工作的人也可以集中精力于工作上。

14年前我丈夫去世时，我还背负着因为供孩子们读书而欠下的债款。丈夫说："以后就拜托你了。"我当时真实的心境是没有时间愁眉不展，总之要继续工作。

在那些日子里，我每天都拼命地做眼前的事情，认真地对待患者们。之后再回头看，我有时候觉得，那笔欠款大概是丈夫为了不让我产生这样那样的懊悔，而故意留下的。

我们当下所必须做的一切事情，都是有意义的。试着这样理解一切，然后一点一点地振作精神吧。

53
忘记对他人的
"好胜心"

不服输是很重要的,
但是对别人的争强好胜之心要适可而止。
我认为阅历丰富之人退让一步的谦虚,
非常美好。

不服输也没关系，回顾过往，我也是因为不服输才取得一些成绩。如果不服输的对象是自己，那么它将会成为一个不伤害他人的强大武器。

不要觉得"自己没有""别人可以做"，没有必要将自己与他人进行比较，如果怀有对他人过度的竞争心，那么你就会被对方操纵而因此变得疲惫不堪。持续寻求他人的评价，则对自己的身心有害。

所谓的上了年纪后的不服输，最好是能够最大限度地拥抱自我。这就像"青春18车票[①]"一样，让你可以从自己现在能做的事情中，挑战、体验自己一直想做的事情。

有些事情在你挑战后，便可以一点一点地做到；也有一些事情因为生病和年龄增加，渐渐变得无法做到。无论是谁，都会经历年龄增加的过程，所以比较年龄大小的想法本身就是毫无意义的。

---

① 译者注：日本铁路公司（JR）发行的车票，在指定期间内可以无限次乘坐日本全国 JR 线普通、普快列车的普通车厢自由座席等。

不要固执己见,不要执着于自己无法做到的事情,我希望自己始终能够保持一种坦率、对人谦虚的态度。

随着年龄的增加,要试着退让一步。没被问到之前,先不开口。在自己说话前,要先倾听。谦虚是成人的证明。可以说人生的经验值能够决定人器量的大小。

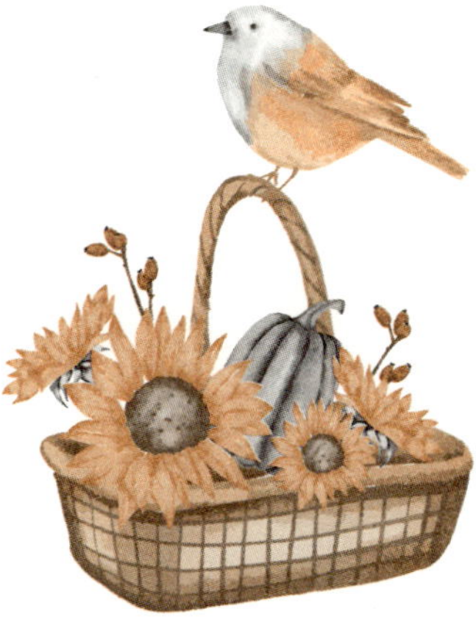

54
忘掉"非黑即白"

我觉得有时候,

最好不要以两级思维考虑是好是坏。

因为有时候,不属于黑与白的灰色也不错。

或许越是拥有强烈正义感、认真的人，越想分清事物的黑白，只不过世界上几乎所有事物都是模糊的，看法的不同，会带来完全不同的定位。正义也是如此，在此方看来，此方是正义；但是在彼方看来，彼方才是正义。无法分清黑白。

以前，曾有一位异常忙碌的男性来到了我的医院。他的愤怒和焦躁之情强烈无比，他斥责公司上司和组织："我们公司太可笑了。工作和生活根本无法平衡。"

虽然他确实处于糟糕的状况之中，但是他过度愤怒的原因在于外部压力导致了身体循环不畅。听了一会儿他的不满之后，我告诉他："如果您继续抱怨的话，对自己来说也是一种损害。"为了能够让他的情绪缓和下来，我针对他的烦躁情绪开了汉方药。不久后，他的情绪稍微有所冷静，重新找回了俯瞰事物的能力。

原本我们就很难凭借好坏来评判世间万物。

彼此所处的立场也是如此。在评判优劣之际，倘若转换一下标准，那么高低上下立刻便会发生逆转。如果一味地宣扬自己的正确性，那么有可能会伤害到对方，也有可能会在自己的正确性无法奏效之际，使得内心积攒愤怒和压力。

世上有各色各样的人，这是一个认可多样性的时代。通过接纳每个人按照自己认为的正确性和价值观生活的事实，我觉得你的内心也会变得轻松起来。

55
忘掉"竞争"

我希望能做一些当下"对他人有益的事情"。
比起竞争,我更重视自己的认同感。

有很多人由于新冠疫情的原因，感到身心俱疲，这让我感到很心痛。

最近，我的医院两周后的就诊号都被预约满了。不过当我遇上一些患者联络我，而我觉得他们最好要快点接受诊疗时，我会考虑有没有办法尽快帮他们预约挂号。

在日本，自从新冠疫情发生后，我医院附近的精神内科和精神科都已经排满了预约，甚至需要等几个月的情况也不稀奇。面对这种情况，当负责接待工作的儿子问我"可以追加预约挂号吗"时，我会毫不犹豫地说"没问题"。

我活到今天这个年纪，如果能够对社会有所帮助的话，那么我会将之作为我的人生使命，很高兴地去做这些事情。即使我几乎没什么休息时间，每天都工作到很晚才回家，我也对此毫不在意。

人是属于社会的，当感到自己对别人有用时，便会感到幸福和充实。不一定非要做些什么大事，重要的是，你是否能感到自己在发挥作用。

如果年龄不断增加，活到今日的话，那么就不要和别人竞争，也不要寻求别人的好评，而要选择既能帮助别人，又能让自己幸福的生活方式。真正的满足不是竞争，而是发自内心的惬意愉悦。

56

忘掉"自我牺牲"

通过做一些自己觉得开心的事情,

来为社会做贡献吧。

生活的意义,要靠自己去发现。

为了帮助别人而开展行动，并不意味着要牺牲自己为他人效劳。但是倘若可以珍惜"想为了某人而做些什么"的心情，人就能够在生活中感受到自己与他人的联系。

实际上，当你觉得对别人有用时，便会分泌出催产素。催产素也被叫作"幸福的荷尔蒙""爱情的荷尔蒙"，据说有让人感到幸福、减少压力的作用。因此通过积极地做一些你觉得对别人有益的事情，你自己也可以获得幸福感，保持健康。

从一年前开办医院的时候起，我便把自己以前写的"知道后便会受益的事情"作为博客发布出来了。我会简单地向大家传达我到目前为止获得的知识，以及我觉得知道后会受益的事情。其中包括关于营养物质以及应对身体轻微不适的对策等，今后我还会继续写一些博客，希望能够对读者有所帮助。

当然知道这些事情后会不会受益便由读者进行评判了。事实上，假如读者能够产生"试着做了一下，果然有效"的反应，那么我将感到无上喜悦。

我想不断地向外界发布一些自己掌握的能力、技术以及知道后便会受益的知识等。大家不要对痛苦之事闷闷不乐，而要以自己的体验、经验和知识为基础，做一些有益他人、快乐自己的事情。我认为这是非常好的事情。

Chapter 4

不忘"小挑战"

57

"只做"想做的事情

不要为自己增添"年龄限制"。

让自己永远成为主语,无论何时,

做自己想做的事情。

为了让自己的身心充满活力，我觉得重要的是，不要给自己设定年龄限制。这个年龄限制指的是，明明有想做的事情，但是却因为年龄选择不做。

请大家对这些事情保持敏感，即自己可以做到的事情、自己无法做到的事情、自己想尝试的事情、自己不想尝试的事情、自己觉得幸福的事情、自己觉得厌恶的事情、想待在一起的人、不想发生关联的人。

永远要让自己成为主语，让自己去做想做的事情。

我现在还仍然阅读许多书籍，因为我想知道新事物。自从新冠病毒蔓延后，我也在线上参加关于汉方药的讲座，使用笔记本电脑、智能手机和社交网络等。

当我告诉别人这些时，有很多人都表示，"您都90岁了，还能做这些事儿，真厉害"。我甚至会对因我年龄感到震惊的人感到震惊。因为在生活中吸收新鲜事物，无论在多少岁都能做到。

当然，随着年龄的增加，会出现一些自己无法再做的事情。

但是，在我们还没有尝试过的事情中，有很多无关年龄和体力。

尽管我们会因为年龄的增加失去某些东西，但是只要早上睁开眼睛，我们就会迎来新的一天。希望大家都把关注点放在今天能做的事情上。

58

让大家叫自己
"想被称呼的名字"

如果你不想被大家叫作"老奶奶"的话,
那么你可以让大家叫你的名字。
我觉得语言对内心的影响,
远远超乎我们的想象。

如果被称呼为"奶奶"的话，我会觉得自己十分苍老，因此我让孩子和孙子们都叫我"英子"。正因为是经常听到的称呼，所以我想让家人用我觉得舒服的称呼来叫我。

环顾周围，并非只有我一个人希望以名字称呼自己，而不是被叫"奶奶"。虽然我不太喜欢被大家以年龄进行判断，但是有时候确实也会被自己的年龄吓到，不过我现在觉得"这确实也是没办法的事情呀"。

在日常生活中，纷繁、无意识的臆想有时候会伤害别人，有时候会给自己带来限制，使人丧失自己的个性。

随着年龄的增长，人们心中这种无意识的偏见似乎越来越多。很多人说的"最近的年轻人如何如何"，正反映出这一点。

有时候，随着年龄的增长，了解、理解年轻人的新价值观的机会会变少。正因为如此，我想在平时多和年轻人聊天，多和他们打打招呼，多了解新鲜的事物。和孙子们在社交网络上聊天我觉得很开心；有时仅仅和年轻的患者们交谈，也可以听到一些我不知道的语言，这些也会让我雀跃无比。

无论是自己的事情，还是别人的事情，倘若都带着狭隘的价值观去看，那都是很可惜的事情。

59
拥有"不同面孔的自己"

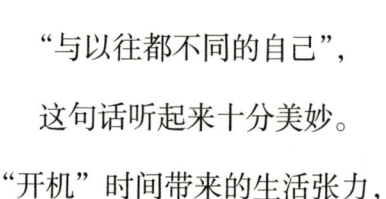

"与以往都不同的自己",
这句话听起来十分美妙。
"开机"时间带来的生活张力,
会让大脑感到愉悦。

年幼的孙子曾经对我说过："在医院的英子和在家里的英子不一样。在医院的英子会变成医生的样子。"

或许在孙子看来，在医院的我和在家的我，简直判若两人。

在孙子这样说之前，我自己都没意识到这点。到了我这个年纪，还能够穿上白大褂接待患者，这让我的内心充满感激之情。当我穿着白大褂在医院时，心情觉得十分舒畅，这是于我而言的"开机"时间。

我并非仅在工作时打开"开机"按钮，还有为了和朋友喝茶而挑选衣服出门时；参加地区的活动，尽自己的责任时；当自己一个人集中精力于自己的兴趣爱好时；为了接待某人而匆忙又兴奋地准备时……

这些"开机"时间会让大脑功能活跃起来。如果没有什么特别要做的事情，与其整天待在家里看电视，不如换好衣服出门。我们要半强制性地为自己创造"开机"时间。

我会以有规律的生活为基础，每天构建与社会的联系，接受一点小小的刺激和挑战。生活中有很多可以立刻做到的"新鲜事"，比如"试着走一走平常不走的那条路""试着逛一逛平常不去的超市"等。

60
愉快地说"拜托了"

自己能够做到的事情要自己做，
自己做不到的事情可以拜托别人。
我希望自己能够成为一个可以好好地
说出"拜托了"的人。

当有人看到我把几本书和几份资料放在包里,把包塞得鼓鼓囊囊时,他们会震惊地问:"您每天背着这么重的包往返吗?"当我把包背在肩膀上,并且手中还拎着小行李时,他们会说:"我帮您拿吧。"但是我是自己的事情自己做的性格,因此我只在感情上接受他们的好意。

然而这样的我,在 89 岁开办医院时,得到了很多人的帮助。当我和家人聊了未来的打算,并告诉他们"请多多关照"时,孩子们都通过各种各样的形式,在各个方面帮助了我。

我二儿子从原来的公司提前退休,总揽行政工作,帮我运营医院。我大儿子是医生,他考虑到我万一出了什么事,会有危险,便提前去周围的医疗机构打了招呼。三儿子全权负责装修,三儿媳还帮我缝制了窗帘。三女儿给医院添置了冰箱,四女儿买来了观赏植物,孙子还为我买了电视机。二女儿每天会为我做饭和便当,人在远方的大女儿总是在固定时间里和外孙一起给我打电话。我的孩子们和孙子们都用各自的方式,支持我每天进行新挑战。

随着年龄的增长,想靠自己完成所有的事情,那是不可能的。"自己能做的事情自己做"和"借助别人的力量"这两方面的平衡十分重要。

我希望自己能够成为一个可以充满诚意并且直接地说出"拜托了"的人。我每天都会如此练习。

61
学习后变得更加喜欢

学习是一件快乐的事情。

不要把它想得太难，

试着做一下自己想做的事情吧。

或许这会带来意料之外的人生转机。

我在担任医生的同时，还会抽出时间学习，并把学习到的各种各样的东西融入生活之中。在孩子们去学习的时间里，我觉得单纯地等待很无聊，因此我也去上了英语会话课，结果我专心学习，甚至到了可以参加英语考试的程度。在英语考试的考场上，还遇到了我女儿的同级同学，这也成了一份美好的回忆。在我做家庭主妇的时候，我通过函授课程学习了营养学和心理学，这些在我之后的育儿和诊疗中都发挥了作用。学习是一件有意思的事情，我也想表扬一下当时尝试学习了各种事情的自己。

我还学习了四柱推命[①]。有人惊讶地说"您是医生还学习四柱推命吗"，但是我很想知道我7个孩子都背负了怎样的命运。

学习起来我才发现，原来四柱推命也很有趣，而且十分深奥。原本，我是对糟糕的占卜结果不怎么在意的性格。实际上运势好坏都无所谓，但它可以成为我们决定人生方针并向着目标前进的参考内容。

---

① 译者注：一种根据八字等推算命运的方法。

我女儿的运势是，晚一天出生就能成为大富豪，她曾笑着说"妈妈，你怎么不多忍一天呢"。我女儿如今也成了一个养育着四个孩子的勤劳的母亲。回顾过去，我7个孩子们都走过了"7种"完全不同的人生，这真是让人觉得非常有趣。

过去学习到的内容，会在某些地方有益于自己今后的人生，会为我们带来意想不到的人生转机。重要的是，学习是一件快乐的事情。我现在在学习天然药物的相关知识，而且希望自己能够对此更加精通，所以正在努力搜集学习材料。

62

为了"体验"而花钱

让自己尽情地去做自己想做的事情吧。
如果要花钱的话,我认为与其花在物质上,
不如花在体验上。

前文中我提到了学习四柱推命的事，我是那种想做什么事情都会去做的性格。但是这件事会与什么有联系，是否能带来利益等，我没有考虑这些方面，我很珍视自己不放弃尝试的想法。对于孩子们也是同样的，我会尽可能地让他们去挑战自己想做的事情。

我认为挑战有益于增强人生力量，所以无论何时，我都欢迎家人们挑战新事物。算盘、钢琴、电子琴、小提琴、柔道、手摇铃、绘画班、辅导班……虽然这些都会花钱，可是我的任务就是设法筹集资金。在养育孩子们时，孩子们上医学系都需要花一大笔钱，但是我们夫妇会借钱让孩子们做自己想做的事情。

现在在我医院帮忙的二儿子，在和我聊到手头上的医院创业资金时，他似乎第一次切身体会到了这一点，说："我第一次知道，原来你们会最优先安排孩子们想做的事情。"

有时候，在来到我的医院的患者中，有人会后悔地说："我的人生过了这么长时间，却没有做自己想做的事情。"这时，我便会告诉他们"忘掉过去没做的懊悔之情，请关注现在吧"。

无论何时，存在于我们眼前的都只有"现在"，请大家试着做一做现在想做的事情吧。如果要花钱，我觉得与其为物品花钱，不如为了经历和回忆花钱。如果是自己想做的事情，那么就不必考虑它"是否有用"。

63
自己"调查",
自己"决定"

越是在信息过剩的时代,

越要自己调查,自己思考。

知识会帮助到自己。所谓疾病的治疗方法,

最终也要由自己决定。

我丈夫在77岁时因大肠癌去世了。他在进行第一次手术后，癌细胞发生了转移。那时，虽然我建议他再次动手术清除转移的癌细胞，但是我丈夫并没有选择这样做。我也没有再过多劝他。我不知道他的选择究竟好不好，但是那一切都是我丈夫的选择，因此我也接受了这些，目送着丈夫离去。

我认为，即便他是我丈夫，最终也只有患者本人能够决定如何治疗自己的疾病。

要想对自己的治疗做出决断，本人需要在平时就掌握广博的知识，例如"出现什么症状该去什么医院""自己的疾病有什么样的治疗方法"。

如今是一个可以方便快捷地查询到任何事情的时代。我有不懂的事情，也会立刻上网查。在这个信息过剩的时代，比起调查能力，我们更需要的是获取、筛选信息的能力。不要盲目地相信信息，而要自己去寻找值得信赖的医生和治疗方法，自己做出选择。

如果不是自己做出的选择，那么或许会对结果感到后悔，但是对于自己选择的东西，便会带着认同感去接受它。

同样地，我们还要最大限度地尊重对方认真思考后决定的事情。在这个时代，我深深地感受到，我们在选择自己的人生，在为自己的人生负责。

64
试着接触
"最新的机器"

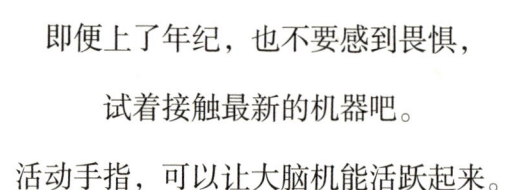

即便上了年纪,也不要感到畏惧,
试着接触最新的机器吧。
活动手指,可以让大脑机能活跃起来。

手也被称作第二个大脑,活动手指能够让大脑活跃起来。

如果平时具备做美食、弹钢琴、画画的环境的话,自然就可以保持大脑的健康。

就我而言,给就诊的患者写病例,或者写向大家传达保持健康的小妙招的博客,都能够通过台式电脑迅速完成。

在读高中的时候,我曾经学习过打字,记得那还是1947年左右的事情。当时有一个招牌上写着"教英文打字",我觉得这"听起来十分新颖,棒极了"。学起来感觉像习字一样,后来我进入大学后,因为会打字很受大家欢迎,对周围的人也很有帮助。

当电脑在日本普及时,虽然我已经70岁了,但是我丝毫没有胆怯,还是能够很自然地使用它。从那之后,我就一直用电脑办公了。24英寸的显示器和键盘是我非常重要的工作伙伴。

现在我的手机不是老年机而是智能手机。我会和孙子们在社交平台上互相发送照片,享受地和他们聊聊天儿。

电脑、智能手机、博客等,我一个接一个地尝试后觉得"好时髦呀""如果能会用的话,就好了""想尝试一下"的东西,最终形成了我现在的生活。

在觉得有点难之前,不妨先试着做一下,这也许会成为培养新兴趣的契机。我建议大家通过动动手指来保持大脑的活力。

65 给某人"送一份礼物"

不经意间送给别人一份礼物,
不仅能让对方开心起来,
也能愉悦自己的大脑和内心。

我觉得当我在思考给某人一份礼物时，我的内心会自然而然地欢呼雀跃起来。

当脑海中浮现对方开心的脸庞时，自己也会感到喜悦。一边想象着对方开心的面庞，一边挑选礼物，这种行为会让我们的大脑和心灵活跃起来。

"送什么礼物会让这个人感到开心呢？""喜欢吃甜食的人肯定会喜欢这个豆沙馅儿。"

像这样一边想象着对方的表情，一边思考的时候，就是在展望未来。这是一个让心灵雀跃，让大脑愉悦的瞬间。

当你畅想未来的时候，想象一下自己或者他人展露笑容的样子吧。

即使在平常的日常交流之中，你也可以先想一下"现在这个人想要我怎样做"，然后再说话或者行动，这样的场景也构成了一幅幸福的未来预想图。当然，这有利于激活你的大脑活性，也可以让你以温柔的态度对待对方，可谓百利无一害。

另外，试着把对方做的事情和说的话，当作对方送给自己的礼物，这样你自然就能够以积极的心态接受了。

只不过，我希望大家能够记住的是，有时候送礼是为了对方，有时候送礼物也是为了自己。当你把礼物送给对方的时候，实际上对方是否感到高兴，是对方的自由。倘若因为对方没有表现出高兴，自己变得灰心丧气的话，那就太无趣了。

66
寻找"最根本的关注点"

如果不知道自己喜欢什么的话,

就试着回想一下小时候吧。

你自然而然热衷的事情,

或许正是你前进的道路。

我在诊室和患者们交谈的时候，经常会听到"没有想做的事情""工作太痛苦了""找不到自己喜欢的事情"等，每当这个时候，我便会询问道"您在小时候，是一个怎样的小孩呢"。

有时候，小时候喜欢的事情，会意外地和长大后从事的职业以及现在还在做的事情产生关联。

对我来说，大概是选择医学之路吧。那是我 9 岁时的事情了。当时，母亲突然头晕，于是我从电话本上查到京都大学医学部附属医院的电话号码，然后给医生打电话，告诉他母亲的症状，然后询问他该怎么做。

现在想来，9 岁的孩子直接给医院的大夫打电话，询问他该如何处理，这实在是太大胆了。虽然当时我还只是个孩子，大概是一心想着要帮助妈妈，所以觉得必须得给大医院打电话。

或许这是后话了，但是在那件事发生之后，我在考虑未来职业的时候，选择了医生这一职业，或许也是出于自己对医疗事业的关心，也许正是那件事引领我走上了医生之路。

在孩提时代，我们会不加忖度地去做自己喜欢的事情。回想一下自己热衷的事情，或许你就能找到自己想做的事情。

67
完成小"使命"

即使不是什么了不起的事情也没关系。

重视自己发挥的小作用,努力地过好每一天。

倾听别人说话,也算一个重要的用处。

降生于这个世界上，并且活到现在，我感觉每个人都有自己的使命。

另外，我觉得这样想，人才会变得更有活力。

说到作用、使命时，可能有人会把它们想得很宏大，但实际上，在这个世界上每个人都有自己应该完成的使命，即便它可能是很小的事情。

作为医生，我的使命当然是倾听来到医院的患者的病情，然后开出让他们身心轻快起来的药方。我还想开办一个场所，给大家带来一种"如果去这里，就能让别人听听自己的心声""在这里感觉自己受到了重视"的感觉。

即便不是工作，我想每个人也有自己的人生使命。比如早上在院子里洒水打扫卫生时，对路过的人打声招呼说"早上好"，或者在兴趣班里倾听别人讲话，当然倾听父母的话，也是如此。

在自己生活的世界之中，如果有什么事情能够让别人的内心稍微感到舒畅一些的话，那么我们不妨把那些事情当作自己的任务，接受下来。

这或许会成为我们的容身之处，给我们的人生带来光明。

渺小的事情也没关系，只要大家在生活中发挥自己的作用就好。

68
肯定"选择的路"

"现在的自己"是以前的选择的结果。

挺起胸膛面对自己选择的人生吧。

出乎意外的是，人生的选择，有很多都是偶然做出的，比如偶然地看到什么东西，听到别人说了什么话，因此做出选择。我也是跟着偶然的潮流，立志走上了当医生的道路。

我父母也认为"以后女性也要有一技之长"，所以我在10岁的时候，决定当一名医生。虽然也曾考虑过当律师之类的，但是我哥哥在家附近的医大上学，受此影响，我还是决定当一名医生。

听到我这样说，或许有人觉得"我没能选择这样的路""你太幸运了"。但是重要的是，每一个人都是自己选择了自己的道路，并且活在了当下。

我们就是因为决断和偶然的重复，才能在现在，身处于此处。

我的人生也并非完全如同我的预想一般，我也曾因为育儿而中断医生职业生涯。到了今天，我仍然觉得，那于我而言，也是一次重大的人生选择。

倘若你现在因自己人生的苦难、不顺遂而感到苦恼的话，我希望你能够挺起胸膛，坦然接受自己所选择的人生。

"我以自己的方式，努力活到了今天。"

不要对过去后悔，试着相信自己迄今为止的人生抉择都是最优选吧。重要的是，你在今天又要决定今后如何生活。

69
回想微小的"作用"

当你失去自信时,

请回想一下帮助过别人的事情。

越是微小的事情,越要记得清楚。

当对自己失去信心或者事情进展不顺时，有人便会陷入极端的想法之中，觉得"自己什么也做不好""自己还有活着的意义吗"。越是在这样的情况下，我希望大家越要回忆一下自己在过去帮助别人的事情。

人是一种会因对别人有帮助而感到喜悦的生物。当被别人感谢的时候，我们会拥有自信。

在孩提时代，我对他人有帮助的经历，发生在二战时期。

每当空袭警报响起时，我会在母亲外出时，在门口挖好的地下室内，把从黑市买来的装在容量为一升的瓶子中的糙米捣成精米。当解除警报确认安全时，糙米已经在某种程度上变成精米了，当时我幼小的心灵认为，这样多少可以帮上母亲的忙吧。虽然母亲并没有说什么，但是我至今仍然能够回忆起那段帮助母亲的时光。

即便是宣称"没有帮助过别人的经历"的人，也肯定做过帮助到别人的一两件事。在生活中，几乎不可能存在从来没有帮助过别人的人，以及从来没有被说过"谢谢"的人。

哪怕是微小的事情也没关系。当你被学校的老师夸奖很会照顾人时，或者将遗失物品送到派出所并受到夸奖时，请回忆一下这些时刻自己的心情。

所谓的人生意义，都来自小事的积累。即便没有名声或者巨大的成就，我们也能帮助到别人。

70

做好随时
"欢笑"的准备

放声大笑会让我们的身体充满能量。
那么寻找一下能够让自己
笑起来的趣事吧。

"最近，您捧腹大笑过吗？"当我这样询问患者时，有很多人都表示"笑是笑过，可是已经很多年没有捧腹大笑过了"。

医学上已经证明，笑可以增强免疫力，或许大家可以认真地努力去"笑"。

提起我捧腹大笑的回忆，那还是结婚前的事情了。

我读研究生的时候，在病理学教室与我丈夫相遇，然后经常一起去吃饭。他非常擅长聊天，总是把我逗得很高兴，让我笑个不停。有一次由于两个人笑得过头，我的下巴脱臼了，然后自己把它治疗好了。

虽然在此之前我已经决定去美国留学，但是最终没有去，而是选择了结婚，因为我觉得可能一辈子都不会再遇到能让我笑掉下巴的人了。

由于患者们因为身心不适来到诊室，所以诊室中不可能随时都充满欢声笑语。但是在与患者的对话中，一旦有了笑声，便会让诊室的气氛一下子发生变化。

前几天，我对一名扩张期高血压的男性患者说："血液检查中，坏蛋胆固醇很高吧。"他哈哈大笑，说："可不是嘛。"他笑得太开心了，连我都被他逗笑了。因为患者非常积极开朗，所以今后他的血压情况应该会改善，症状应该也会好转。笑，真是一个不错的健康之法。我切身地感受到，有时候我们无须感到开心才笑，而是笑起来才能变得开心。

71

通过"给予"
而"被给予"

人在付出的同时也在收获。
看起来你在鼓励别人,
可有时候其实被鼓励的正是自己。

我的母亲还不到 65 岁就去世了。当我思念母亲的时候，眼前自然就会浮现出和喜爱大自然的母亲一起哼着歌走过的山路。

据说我母亲从小就十分聪慧，当时校长曾亲自到家里问"要不要靠公费读女校"。可是外祖父一口回绝了，说"她要去做佣工"，因此母亲没能得到学习的机会。

虽然母亲对此毫无怨恨，但她肯定切身感受到了学习机会的宝贵。她为我考上医学部而高兴，即使我想要买昂贵的医学书籍，她也绝对不会拒绝，只会拼命地工作来支持我。

当我成为医生后，母亲也尽全力支持我，每天来帮我照顾孩子，渐渐地我对此也习惯了，甚至经常和母亲拌嘴。

当我们吵架时，母亲肯定会利落地脱下围裙，说一句"再见"，然后自己回家。第二天母亲并不露面时，我会反省"可能母亲不会再来了"。可是第三天，性格爽朗的母亲就像什么都没发生过一样，像往常一样到来，对我说"你好"。

到了这个年纪，我更加明白了母亲对我深深的爱，同时也明白了，母亲在背后支持我，照顾外孙子外孙女们，这也成为了母亲保持健康的能量源泉。我自己作为一名医生，为病人提供护理，开出让他们恢复健康的药方，但是同时，我也感受到自己也被病人鼓励、帮助着。人，正如它的写法一样，是要相互支撑着生活下去的。

结 语

感谢您读到了最后。

这本书写于 2022 年的夏天，那时因新冠疫情中断的祇园祭再次举办，一时热闹非凡。

祇园祭原本便是驱除厄运的祭典。日本有在玄关处装饰粽子驱邪的风俗。祇园祭的粽子也被称作"消灾粽"，我们家每年都会买八坂神社的粽子。虽然也有可以食用的粽子，不过我们买的粽子是由竹叶制作而成的，它如同消灾解厄的护身符，并不能食用。

从我小时候起，在祇园祭时，家里就会把消灾粽挂在玄关处。当我结婚后，我自己也就自然而然地买来装饰家里了。

只有在宵山夜祭的短短 6 天中，才会售卖这种粽子。无论有多忙，我家都会在这期间去八坂神社购买粽子，这已经成了我家每年的惯例。现在我还不忘给每个孩子家都买一份来讨个好彩头，"今年大家也要健健康康的"。

日本保留着许多美好的风俗与文化。小时候我体验过地区性的活动,那些活动不可思议地让人心驰神往,带给我活力。很久没有参加过这种活动的人,何不试试将当地的活动加入"自己家的惯例"之中呢。

重视一直以来传承下来的文化,这是我们保持活力的必要条件。不论是讨个好彩头,还是讨个吉利,我觉得这些肯定都是一味"心灵良药"。

我小女儿有时候会说:"英子医生明明是个大夫,却不开药,对病人说'那个吉利,吃点那个吧'。真是太不可思议了。"

我不仅学习西医,并且多年来还一直学习汉方医学,并将其运用于治疗之中。自古以来的文化、习俗以及研究成果,是能够让我们保持健康生活的智慧。作为一名医生,我觉得上述事物也是我们身心的必需之物,想提议将它们也视作一种"药"。我就是怀着这样的愿望,走到了今天。在此期间,我有幸得到了许多人的帮助。

"有活得更轻松的办法吗?"

我想起在写这本书时,曾在诊室中被如是问到过。无论是以前,还是现在,我都会回答"请珍惜身心健康的状态"。

饭菜过甜过辣都不好吃,我觉得人生也是如此,最好要寻找到自己的和谐状态，即在"恰到好处"的状态下度过每一天。

对自己而言必要的东西，要迅速地吸收；对自己而言不必要的东西，要巧妙地舍弃。忘掉讨厌的过去，放弃名誉和欲望，爽快地摆脱令人痛苦的人际关系，放下紧握的悲伤与执念，甚至连美好的事情也可以适度地忘记。这样一来，自己现在想做的事情，自己现在感受到的事情等"现在"才能够重新归来。

与重要的家人之间，也要保持适当的距离，这样可以让人感觉到温暖。自己可以做到的事情要自己做，自己做不到的事情可以拜托别人，当别人遇到麻烦时，在自己的能力范围内伸出援手。我觉得通过探寻人际关系中的"恰到好处"，就能发现更加轻松的生活方式。

适度地忘却，爽快地后退一步，心灵也会变得轻快起来。

让我们保持恰当的距离，心情舒畅地生活吧。

藤井英子

图书在版编目（CIP）数据

翻篇吧 /（日）藤井英子著；李诺译. —— 北京：
北京日报出版社，2024.5
ISBN 978-7-5477-4907-4

Ⅰ. ①翻… Ⅱ. ①藤… ②李… Ⅲ. ①人生哲学-通俗读物 Ⅳ. ①B821-49

中国国家版本馆CIP数据核字(2024)第030582号

北京版权保护中心外国图书合同登记号：01-2024-0933

HODOYOKU WASURETE IKITEIKU
BY Hideko Fujii
Copyright © Hideko Fujii, 2023
Original Japanese edition published by Sunmark Publishing, Inc.,Tokyo
All rights reserved.
Chinese (in Simplified character only) translation copyright © 2024 by Beijing Zito Books Co., Ltd.
Chinese (in Simplified character only) translation rights arranged with
Sunmark Publishing, Inc.,Tokyo through BARDON CHINESE CREATIVE AGENCY LIMITED, HONG KONG.

翻篇吧

责任编辑：	秦　姚
监　　制：	黄　利　万　夏
营销支持：	曹莉丽
特约编辑：	路思维　杨　森
版权支持：	贾　超
装帧设计：	紫图装帧
出版发行：	北京日报出版社
地　　址：	北京市东城区东单三条8-16号东方广场东配楼四层
邮　　编：	100005
电　　话：	发行部：(010) 65255876
	总编室：(010) 65252135
印　　刷：	艺堂印刷（天津）有限公司
经　　销：	各地新华书店
版　　次：	2024年5月第1版
	2024年5月第1次印刷
开　　本：	880毫米×1230毫米　1/32
印　　张：	5.75
字　　数：	110千字
定　　价：	55.00元

版权所有，侵权必究，未经许可，不得转载